스타트업
회계산책

Practical Knowhow&Tips for Start-ups

스타트업
회계산책

노기팔, 임방진, 한준호 지음

매일경제신문사

머릿말

스타트업. 듣는 이의 가슴을 설레게 하는 기회의 단어. 참신하고 멋진 아이디어만으로 설립된 스타트업들이 오늘도 명멸하고 있다. 물론, 어제의 참신함이 오늘 진부해지는 빠른 변화 속에서 도태되는 스타트업도 있지만, '회사경영'의 기본을 갖추지 못해 제대로 평가받지 못하거나, 안타깝게 사라지는 스타트업도 많다.

필자들이 생각하는 '회사경영'의 기본은 회계 그리고 세무를 포함하는 재무다. 회사 설립 초기, 참신한 아이디어를 구체화하는 데에만 매달리고, 회계, 재무 등의 기본사항에 소홀했다가 주주, 채권자, 직원 등 이해관계자뿐 아니라 국세청을 비롯한 여러 감독기관과의 갈등을 경험하는 사례를 여러 차례 목격하면서 이 책을 준비하게 됐다.

회계, 재무, 세무는 보통 사람들에게 때로는 너무나 멀고, 어려운 단어들이다. 하지만 스타트업의 창업자를 비롯한 경영진들은 비록 경력의 시작은 엔지니어나 연구개발자였더라도 회계, 재무, 세무를 결코 등한시해서는 안 된다.

이 책은 스타트업을 준비하거나 현재 사업을 영위하고 있는 초보 경영진을 위한 길라잡이다. 머릿속의 아이디어에만 안주하지 않고, 실제 회사를 설립해 투자를 받고, 종국에 EXIT이나 IPO에 이르기까지 꿈을 현실로 구현하는 과정에서 매일매일 챙겨야 할 회계와 세무 그리고 그 밖의 스타트업이 챙겨야 할 사항들을 소개할 것이다.

멋진 아이디어와 넘치는 의욕만으로는 부족하다. 스타트업으로서 회사를 설립하는 순간부터 회사 운영, 즉 경영이라는 현실적인 문제에 맞닥뜨리게 되는 스타트업 창업자와 경영자들이 꿈을 이루어나가는 데에 이 책이 조그마한 도움이 될 수 있기를 소망한다.

지은이 일동

CONTENTS

머릿말   4

Part I
스타트업 셋업과 세무

1. 사업자 유형, 개인이냐 법인이냐   12
2. 사업자등록을 해야 사업을 시작한다   20
3. 정관은 회사의 헌법이다   28
4. 꼭 알아둬야 할 세금들   35
   [쉬어가는 페이지] 회계개혁은 이제 시작일 뿐이다   45

Part II
스타트업 회계

1. 회계는 기업에서 통용되는 언어다   52
2. 재무회계는 재무제표로 말한다   58
3. 기업회계기준은 표준문법이다   64
4. 특정시점의 재무상태는 무엇을 의미하는가?   68
5. 유동과 비유동은 왜, 어떻게 구분할까?   72
6. 자본을 유동성 기준으로 나누지 않는 이유는?   77
7. 현금 및 현금성자산, 내 마음대로 사용 가능한가?   81
8. 매출채권이 서 말이라도 회수해야 보배   85

9. 재고자산 장부가액은 뻥튀기 금지!!   89

10. 유형자산 그리고 현금지출이 없는 비용, 감가상각비   93

11. 치명적인 유혹, 개발비   98

12. 자금조달의 양 날개, 부채와 자본   102

13. 매입채무와 미지급금은 동의어? 선수금, 선수수익, 예수금은 뭐지?   107

14. 단기차입금과 유동성장기차입금의 차이는 무엇인가?   111

15. 우선주를 발행했는데 부채가 증가한다고?   114

16. 이별을 대비하는 퇴직급여충당부채   117

17. 주주가 납입한 돈, 자본금   119

18. 사업을 잘해서 번 이익, 이익잉여금   124

19. 기타의 자본항목 – 자본조정과 기타포괄손익누계액   129

20. 경영활동 성적표, 손익계산서   132

21. 수익과 비용 둘러보기   137

22. 영업비용 vs 영업외비용   141

23. 매출이냐 이익이냐? 뭣이 중헌디?   145

24. 영업이익(또는 손실)의 중요성   150

25. 우리 회사 건강진단 (1) – 성장성과 수익성 분석   154

26. 우리 회사 건강진단 (2) – 안정성과 활동성 분석   159

27. 현금흐름의 3가지 컬러 – 영업, 투자, 재무   166

28. 머니머니해도 영업머니가 최고!   173

29. 재무제표 알쓸신잡, 주석   176

[쉬어가는 페이지] 오스템임플란트 횡령사건, 희생양을 찾아서   182

Part III

스타트업 외부감사

1. 외부감사인에게 회계감사를 받아야 하는 회사   192
2. 회계감사를 수행할 수 있는 외부감사인이 따로 있다   195
3. 한국채택국제회계기준을 적용해야 하는 기업들   198
4. 외부감사계약도 절차에 따라 진행해야 한다   201
5. 감사의견의 종류   205
   [쉬어가는 페이지] 대리인 문제에 대한 새로운 대응책으로서의
   RS제도(양도제한조건부주식보상제도)   214

Part IV

스타트업 EXIT의 여러 모습들

1. 투자를 받자! 투자 유치의 기초   226
2. 우리 회사 주식 상장하기   240
3. 상장을 폐지하는 사연   248
4. 개인사업자와 법인사업자의 폐업절차와 세무상 유의점   254

Part I
스타트업 셋업과
세무

사업자 유형,
개인이냐 법인이냐

대학에서 컴퓨터 사이언스를 전공한 브라이언 최는 대기업에 입사하기보다, 친구들과 스타트업을 공동창업해서 사업을 시작하려 한다. 그런데 막상 사업을 시작하려고 하니 고려할 것들이 1~2가지가 아니다. 당장 사업형태를 정해야 한다는데, 개인기업과 법인기업의 차이는 대략 알겠지만, 어떤 기준으로 의사결정을 해야 할지는 막막하다. 브라이언 최는 첫 단추를 어떻게 채워야 할까?

　　사업을 시작하는 예비창업가의 입장에 있어 가장 기본적인 의사결정 문제 중 하나가 사업형태를 정하는 것이다. 사업형태를 개인으로 할 것인가, 법인으로 할 것인가부터 정해야 한다.

개인기업(개인사업자)은 회사를 설립하는 데 상법상 별도의 절차가 필요하지 않은 기업이다. 그 설립절차도 사실상 세무서에 사업자등록만 하면 되므로 법인기업에 비해 간편하고, 휴·폐업 역시 비교적 간단하다. 반면, 법인기업(법인사업자)은 법인 설립등기를 함으로써 법인격을 취득한 기업을 말한다. 흔히 접하게 되는 '주식회사'의 형태가 법인사업자 형태고, '주식회사' 등의 수식이 붙지 않은 사업자의 형태가 개인사업자 형태라고 이해하면 된다.

일반적으로 거론되는 개인기업과 법인기업의 차이점은 다음과 같다.

창업절차와 기본적 성격의 차이

'개인기업'은 설립절차가 비교적 쉽고, 비용이 적게 들어 사업 규모나 자본이 적은 사업을 하기에 적합하다. 현실적으로 세무서에 사업자등록을 신청하면, 허가업종이 아닌 경우 1~2일 내로 사업자등록증이 발급되어 개입사업자로 창업을 할 수 있다. 관련해서 별다른 설립비용도 없다.

반면 '법인기업'은 법원에 설립등기를 해야 하는 등 상법상의 절차를 거쳐야 하고, 자본금과 등록면허세, 채권매입비용 등의 설립비용이 필요하다. 법인은 자연인이 아니면서도 법에서 법인격을 부여해 권리의무의 주체가 될 수 있도록 자격을 부여받는 당사자를 말한다. 쉽게 말하면 그 실체가 눈에 보이지는 않지만, '주식회사 ○○○'은 법률에 의해 눈에 보이는 사람과 같이 독자적인 법인격을 부여받고, 자연인과는 별개로 계약을 체결하거나 법률행위를 할 수 있게 되는 것이다.

사업에 따른 책임 범위의 차이

개인기업과 법인기업의 가장 큰 차이점은 법률적 측면에서 사업에 따른 책임 범위의 차이다.

개인기업이 타인과 계약을 맺는 경우 계약의 당사자가 '개인(자연인)'이 되지만, 법인기업의 경우 계약의 당사자가 회사의 대표이사나 이사가 아닌 '주식회사 ○○○'이 된다.

개인기업은 경영상 발생하는 모든 문제와 부채, 그리고 손실에 대한 위험을 전적으로 사업주 혼자서 책임져야 한다. 따라서 만약 사업에 실패해서 은행부채와 세금 등을 다 해결하지 못하고 다른 기업체에 취직해서 월급을 받는 경우, 그 월급에 대해서도 압류를 당할 수 있다. 계약의 직접 당사자가 된다 함은 개인기업의 경우 경영상 발생하는 모든 거래관계에 대한 법적 책임 및 부채와 손실에 대한 위험에 있어 무한책임을 부담한다는 것을 의미하기 때문이다.

반면 법인사업자의 경우 계약의 주체가 법인이고, 법인의 주주는 원칙적으로 출자한 지분한도 내에서만 유한책임을 지므로 개인사업자보다 책임의 범위가 작다. 사업을 진행하면서 권리의무가 직접적으로 귀속되는 것은 '주식회사'로서 원칙적으로 임원의 재산을 통해 계약상의 책임을 지지 않아도 된다. 즉, 주식회사의 재산이 없으면 주식회사가 거래상대방에게 지급해야 할 채무가 있다고 하더라도, 원칙적으로는 대표이사의 재산으로 책임을 지지 않아도 된다는 말이다. 법인이 도산할 경우라도 주주라면 출자한 지분의 한도 내에서만 책임을 지므로 개인 입장에서의 피해를 최소화할 수 있다.

다만 주주이자 동시에 법인의 대표이사인 경우 금융기관으로부터 자금을 조달할 때 연대보증부담을 지기도 하고, 기업 경영에 대한 상법상 대표이사의 책임을 부담하기도 한다. 또한 특정 과점주주의 경우 법인의 체납 세금과 4대보험에 대해 2차 납세의무를 질 수 있다.

자본의 조달과 투자 유치 측면의 차이

개인기업은 창업자 한 사람의 자본(출자금)으로 만들어진 기업이므로 자본조달에 한계가 있어 대규모 자금이 요구되는 사업에는 무리가 있다. 또한 개인기업의 경우 주식회사와 같은 '주식'의 개념은 존재하지 않으므로, 자금을 조달하기 위해서 원칙적으로는 신주 발행 등의 방법을 사용할 수 없다.

반면에 법인기업의 경우 주주총회나 이사회의 결의로 새로운 주식을 발행해 자본금의 규모를 어렵지 않게 키울 수 있으며, 동시에 주식회사의 주식은 자유롭게 양수·양도될 수 있다. 결과적으로 주식회사의 형태인 법인기업이 개인사업자의 형태보다 자본조달이 수월할 수 있다.

이러한 점을 보건대 개인사업자 형태보다 법인사업자의 형태가 상대적으로 더욱 큰 규모의 회사에 적합하다고 볼 수 있다. 비교적 큰 규모의 회사가 주식회사의 형태를 취하고 있는 경우가 많은 것은 바로 이와 같은 이유 때문이다. 혹자가 자본주의의 최대 발명품 중 하나로 주식회사를 꼽는 것도 이런 특성을 반영한 것이리라.

스타트업의 경우 자신의 기술과 아이디어를 서비스화 또는 제품화해 시장에 진출하는 데 있어 적지 않은 시간과 자금이 소요된다. 그리고 손익분기점에 도달하기까지 창업자들의 자금만으로 해결하기가 어려운 것이 현실이므로, 벤처캐피털 등 다양한 투자자들로부터 투자를 유치할 수밖에 없다.

투자를 유치한다 함은 투자의 대가로 회사의 지분을 제공한다는 말이니, 이러한 투자를 전제로 하는 기업의 경우 법인기업 형태의 창업이 더 적합할 것이다. 유한책임을 전제로 하는 주주로서 위험은 최소하면서도 회사가 성장하면 회사 주식의 가치는 커지게 되므로 이는 투자자 입장에서도 투자 유인이 더 커진다고 할 수 있다.

이익 배분(인출) 방식의 차이

개인기업은 사업에서 발생한 이익에 대해 세금을 납부한 이후의 자금을 임의로 처분할 수 있다. 즉, 개인기업은 사업자금이나 사업에서 발생한 이익을 사용하는 데는 제약을 받지 않는다. 예를 들어 세금만 잘 납부했다면, 사업주 개인의 부동산 투자에 사용하든, 자신의 사업에 재투자하든 혹은 영업에서 발생한 이익을 생활비로 쓰든 별다른 간섭을 받지 않는다는 말이다.

반면 법인기업은 주주와 별개로 독자적인 경제주체이므로 일단 자본금으로 들어간 돈과 기업경영에서 발생한 이익은 적법한 절차를 통해서만 인출할 수 있다. 법인의 주주나 대표이사는 법인과 별도의 인격체이므로 주주는 배당을 통해서, 대표이사는 급여형식을 통해서 수익을 확보할 수 있고, 이러한 수익은 이사회 및 주주총회 결의 등 적법한 절차를 통해서만 인출이 가능하다. 즉, 주주총회에서 배당결의를 한 후 배당이라는 절차를 통해서만 인출이 가능하고, 주주가 법인의 돈을 가져다 쓰려면 적정한 이자를 낸 후 빌려가야 한다. 또한 대표이사가 임의로 법인자금을 사용할 경우 세법을 비롯한 법률적 제재가 있게 된다.

세법상 차이(적용세율과 과세체계 차이)

개인기업과 법인기업의 차이는 적용세율과 과세체계 측면에서도 정리할 수 있다. 개인사업자는 이자소득, 배당소득, 근로소득 등 여타의 다른 소득이 사업소득과 합산되어 종합소득세로 과세되는 구조이며, 종합소득세율은 6~45%(지방소득세 제외)의 8단계 누진세율이 적용된다.

반면 법인사업자는 각 사업연도 소득에 대해 9~24%(지방소득세 제외)의 4단계 누진세율이 적용된다. 그러므로 표면적인 세율 측면만 본다면, 과세표준이 약 2,000만 원 이하 수준인 경우는 개인사업자가 유리하고, 초과하는 경우에는 법인사업자가 유리하다고 생각할 수 있다. 그러나 이는 단순하게 판단할 사항은 아니다.

앞서 언급됐듯이 개인기업의 소득에 대해서는 종합소득세가 과세된다. 반면 법인의 대표이사는 법인과는 별개의 고용인이므로 대표이사에 대한 급여는 법인의 비용으로 처리할 수 있다. 따라서 법인사업자는 법인 단계에서 대표이사에 대한 급여를 비용처리 한 후의 과세표준에 대해 법인세가 과세되고, 대표이사 개인의 급여는 개인소득세가 적용되는 구조다. 한편 개인사업자의 경우 사업용 유형자산 및 무형자산이나 유가증권 처분이익에 대해서는 과세를 하지 않는 반면, 법인기업의 경우 유형자산 및 무형자산이나 유가증권 처분이익에 대해서도 법인세가 과세된다.

구분	개인기업	법인기업
납부세금	종합소득세	법인세
세율구조	6~45%(8단계)	9~24%(4단계)

그 밖의 고려할 것들

은행으로부터 대출을 받는 경우 개인사업자보다는 법인사업자를 선호한다든지, 정부공개입찰 등의 경우 입찰단계에서부터 법인사업자만 참여가 가능하도록 제한하는 경우도 있다. 즉, 대외신인도 면에서 개인기업의 신인도는 사업자 개인의 신용과 재력에 따라 평가받으므로 법인기업보다는 일반적으로 낮게 평가되는 것이 현실이다.

주요한 차이는 아니지만 개인사업자는 전자세금계산서 발행, 간이과세자 등 세법상 제약이 덜한 편이나, 법인사업자는 반드시 복식부기로 장부를 작성해야 하고, 전자세금계산서 의무발급 등이 필요하다. 또한 일정 요건(ex. 자산 120억 원, 부채 70억 원, 매출액 100억 원, 종업원 100명 이상 중 2개 항목 해당)을 충족할 때에는 공인회계사로부터 외부감사를 받아야 하는 등 법적 의무도 개인사업자에 비해 많다고 할 수 있다.

지금까지 살펴봤듯이 사업자 형태를 결정하는 일은 사업에 따른 책임 범위, 자본의 조달, 이익의 배분, 세무적 측면 등 여러 사항을 종합적으로 고려해 자신의 상황에 맞게 결정해야 할 사항이다.

사업자등록을 해야
사업을 시작한다

개인기업과 법인기업의 차이점과 장단점에 대해 설명들은 브라이언 최는 고려해야 할 사항들 하나하나를 검토하고 있지만, 아직 마음의 결정을 내리지 못했다. 공동창업을 한 친구들과 개인사업자 형태로 창업을 할까, 아니면 법인을 설립해서 시작하는 것이 나을까를 고민 중이다.

하지만 시제품에 대해 구매의향을 밝혀 온 업체도 있고, 엔젤 투자자와의 협의도 순조로운지라 당장 사무실도 얻고, 사업을 시작해야 할 것 같았다. 그래서 '일단 시작하자!'라고 했는데, 아는 공인회계사가 이를 말린다. 사업을 하려면 국세청에 사업자등록을 해야 한단다. 그러면서 과세사업자, 면세사업자, 일반과세자, 간이과세자 등을 언급한다. 연구개발과 잠재 투자자를 만나는 것만으로도 힘들어 죽겠는데 이건 뭔지…. 사업자등록은 또 어떻게 해야 할까?

세금 관점에서의 사업자 구분

법인이냐 아니냐에 따른 구분에 더해, 사업자 유형은 과세(부담) 측면에서도 구분된다.

① 소득에 대한 세금(법인세, 종합소득세)에 따른 구분

개인사업자는 벌어들인 소득에 대한 종합소득세를 부담한다. 반면에 법인사업자는 법인세를 부담한다.

② 부가가치세 과세유형에 따른 구분 - 과세사업자 vs 면세사업자

취급하는 재화와 용역의 종류에 따른 구분이다. 부가가치세 과세대상 재화 또는 용역을 공급해서 부가가치세 납세의무가 있는 사업자를 과세사업자라고 한다. 반면에 생필품을 비롯해 세법상 부가가치세가 면제되는 재화 또는 용역을 공급하는 사업자를 면세사업자라고 부르며, 이들은 부가가치세 납세의무가 없는 사업자를 말한다.

오해하지 말아야 하는 것은, '면세사업자'라고 할 때 '면세'는 부가가치세가 면세가 된다는 것이며, 벌어들인 소득에 대한 종합소득세나 법인세가 면세되는 것은 아니라는 점이다. 한편 과세와 면세 겸업사업자인 경우에는 사업자등록증이 과세사업자로 발급됨도 알아두자.

개인 과세사업자는 사업의 규모에 따라 일반과세자와 간이과세자로 구분되지만, 법인의 경우는 일반과세자밖에 없다. 따라서 법인의 경우는 이러한 구분이 의미 없지만, 창업을 개인사업자로 하는 경우에는 일반과세자와 간이과세자 간의 차이가 상당하다.

개인사업자의 연간 매출액(둘 이상의 사업장이 있는 사업자는 그 둘 이상의 사업장의 매출 합계액, 부가가치세 포함)이 8,000만 원 이상인 경우 일반과세자가 된다. 일반과세자는 10%의 세율이 적용되는 반면, 사업과 관련된 물건 등을 구입하면서 받은 매입세금계산서상의 부가가치세액을 전액 공제받을 수 있고, 세금계산서를 발행할 수 있다.

반면 연간매출액이 8,000만 원에 미달할 것으로 예상되는 소규모 사업자의 경우에는 간이과세자로 등록할 수 있다. 간이과세자는 업종별로 1.5~4%의 낮은 세율이 적용되지만, 매입세액은 매입액(공급대가)의 0.5%만을 공제받을 수 있으며, 직전년도 공급대가가 4,800만 원 미만인 간이과세자는 세금계산서를 발급할 수 없으나 직전년도 공급대가가 4,800만 원 이상인 간이과세자는 세금계산서를 발급할 수 있다.

사업자등록을 위해 챙겨야 할 서류와 등록절차는?

사업자등록은 사업을 시작한 날로부터 20일 이내에 다음의 구비서류를 갖춰, 가까운 세무서에 신청하면 된다. 국세청 홈택스를 통해서도 신청이 가능하다. 사업자등록증은 보통 신청일로부터 2일 이내에 발급되는데 법인사업자로 사업자등록을 진행하려면, 법인 설립등기를 완료한 후에 사업자등록을 신청해야 한다.

그리고 허가·등록·신고 업종인 경우 사업자등록 신청 시 허가증·등록증·신고필증 사본 등을 제출해야 한다. 따라서 해당 업종은 관련 인허가 기관으로부터 먼저 허가를 받은 후 사업자등록을 진행하도록 한다.

사업자등록에 필요한 서류들(법인사업자 기준)

- 사업자등록신청서 1부
- 사업허가증·등록증 또는 신고필증 사본 1부(허가를 받거나 등록 또는 신고를 해야 하는 사업의 경우)
- 법인 등기부등본
- 정관 1부
- 주주 또는 출자자 명세서
- 임대차계약서 사본(사업장을 임차한 경우)
- 사업장 도면('상가건물임대차보호법'이 적용되는 상가 건물의 일부분을 임차한 경우)

[참고] 홈택스를 통한 사업자등록 신청 방법

① 국세청 홈택스(www.hometax.go.kr)에 로그인한 후 '국세증명·사업자
등록·세금관련 신청/신고' 메뉴 선택

② 사업자등록 신청 메뉴 선택

③ 인적사항에서 법인현황, 업종, 사업장 정보 등을 입력하고 필요 서류
   첨부

사업자등록을 하지 않으면 여러 가지 불이익을 받는다

사업자등록을 하지 않으면 여러 가지 불이익을 받는데, 가장 큰 불이
익은 매입세액을 공제받을 수 없게 된다는 점이다. 즉, 사업자등록을 하
지 않으면 세금계산서를 발급받을 수 없기 때문에, 재화나 용역 매입 시
부담한 부가가치세를 공제받지 못하게 되는 것이다.

여기에 더해서 사업을 개시한 날부터 20일 이내에 사업자등록을 하지
않는 경우, 다음과 같은 가산세를 물게 된다.

• **개인 : 공급가액의 1%**(간이과세자는 매출액의 0.5%와 5만 원 중 큰 금액)
• **법인 : 공급가액의 1%**

따라서 사업을 시작하기 전에 사업자등록을 하는 것은 필수적인 절차라고 할 수 있다. 다만 앞서 언급된 불이익을 회피할 수 있도록 사업을 시작하기 전에 사업을 개시할 것이 객관적으로 확인되는 경우에는 사업자등록증 발급이 가능하다.

뿐만 아니라 공급시기가 속하는 과세기간이 지난 후 20일 이내에 등록 신청한 경우 그 공급시기가 속하는 과세기간 내에 시설자재 등을 구입하고, 구매자의 주민등록번호를 적은 세금계산서를 발급받았을 때에 예외적으로 매입세액을 공제받을 수도 있다.

조금 더 설명하면, 부가가치세법상 과세기간은 1기 : 1/1 ~ 6/30와 2기 : 7/1 ~ 12/31로 나뉜다. 그러므로 만약 상반기 중에 사업자등록을 신청하지 않은 채 영업을 개시했다면, 과세기간이 지난 후 20일 이내인 7월 20일까지 사업자등록을 해야만 매입세액을 공제받을 수 있다. 물론 가산세는 부담해야 한다.

그 밖의 알아둬야 할 사항들

그 밖에도 공동사업의 경우라면 사업자등록 시에 관련 증빙서류를 제출해야 한다. 2인 이상의 사업자가 공동으로 사업을 하는 경우 이 중 1인을 대표자로 선정해야 한다. 또한 공동으로 하는 사업임을 증명할 수 있는 동업계약서 등의 서류를 제출해야 한다.

그리고 법인사업자의 경우 사업자등록을 하기 전에 법인등기를 하게
된다. 이때 사업목적을 기재하게 되어 있는데, 이는 사업자등록증상의 업
태, 종목과 반드시 일치할 필요는 없다. 하지만 사업자등록증상의 업태,
종목을 기재하기 위해서는 반드시 법인등기부등본상의 사업목적에 해당
업태, 종목이 포함되어 있어야 한다. 따라서 법인등기 시 장차 영위할 가
능성이 있는 사업은 모두 기재해두는 것이 좋다. 법인등기부등본을 수정
하는 경우 추가비용이 발생하기 때문이다.

정관은
회사의 헌법이다

스타트업 (주)플라시보의 CEO 브라이언 최는 며칠 전 함께 회사를 창업하고, 지금껏 동고동락해왔던 임원 중 한 사람으로부터 회사를 떠나겠다는 이야기를 들었다. 많은 고생을 같이 해왔던 사이인지라 그 임원이 보유하고 있던 지분도 사주고, 퇴직금도 후하게 챙겨주려 한다. 그런데 이 이야기를 들은 공인회계사 선배가 정관에 주식 양도나 임원 퇴직금 관련 규정이 있냐고 묻는다. '정관? 왜 여기서 정관이 나오지? 법인 설립할 때 정관이 꼭 있어야 한다고 해서, 어디선가 얻은 템플릿에 회사 이름과 주식수 등 몇 가지만 고쳐서 공증을 받아 제출했었는데….' 브라이언 최는 어리둥절했다.

주식회사에는 회사의 법, 즉 정관이 필수적이다. 주식회사는 자연인과

다른 별개의 법인격체다. 이는 주식회사의 주주가 한 사람인 1인 주식회사의 경우에도 다르지 않다. 법인을 설립하기 위해서는 등기소에서 법인 설립절차를 거쳐야 하는데, 이때 법인의 정관을 작성해서 제출해야 한다. 정관 없이는 법인등기 신청 자체가 불가능하다.

정관은 회사의 조직과 활동에 관한 기본규칙을 정한 서면으로 최고 의결기관인 주주총회, 업무집행기관인 이사회나 대표이사 등에 관한 사항을 여기서 정하게 된다. 정관은 회사의 제반 규정 중에서도 최상위의 기본규칙이라고 할 수 있다. 그렇기에 회사의 목적, 상호, 회사가 발행할 주식, 주주총회, 임원 및 이사회에 관한 규정 등 주식회사에서 문제가 발생할 수 있는 기본적인 사항들을 회사 내부의 규정으로 미리 정해두는 것이다. 상법상으로 공증인의 공증을 받지 않은 정관은 효력이 없도록 규정되어 있으며, 정관에 반드시 기재되어야 하는 사항이 정해져 있다. 이들 사항은 하나라도 누락되면 정관 자체가 무효이므로 주의를 요한다.

상법 제289조(정관의 작성, 절대적 기재사항)

① 발기인은 정관을 작성하여 다음의 사항을 적고 각 발기인이 기명날인 또는 서명하여야 한다.

1. 목적
2. 상호
3. 회사가 발행할 주식의 총수
4. 액면주식을 발행하는 경우 1주의 금액

5. 회사의 설립 시에 발행하는 주식의 총수
6. 본점의 소재지
7. 회사가 공고를 하는 방법
8. 발기인의 성명·주민등록번호 및 주소

물론 정관을 회사가 문을 닫을 때까지 그대로 유지해야 하는 것은 아니다. 정관은 주주총회의 특별결의(상법 제433조, 제434조)를 통해 변경될 수 있다. 하지만 정관이 처음부터 잘 규정되어야 추후 회사의 업무가 절차적 하자 없이 진행될 수 있으므로, 인터넷에서 떠도는 샘플을 사용해서 대충 만들면 곤란하다. 정관의 조항을 하나하나 잘 읽어 보고, 각 규정을 신중하게 결정할 필요가 있다. 정관의 기재사항은 어느 정도 정형화되어 있지만, 특히 스타트업의 경우 신경을 써서 정관에 규정해야 하는 몇 가지 사항들이 있다.

주식 양도 제한규정

주식회사에서는 원칙적으로 주식의 양도가 자유롭게 허용되지만, 스타트업에서는 지분 양도를 통해 제3자가 주주가 되는 것을 원하지 않는 경우도 있을 수 있다. 이런 경우를 방지하기 위해 스타트업은 정관에 주식의 양도에 대해 이사회의 승인을 얻어야 하는 것으로 규정해놓을 수 있다.

상법 제335조(주식의 양도성)

① 주식은 타인에게 양도할 수 있다. 다만 회사는 정관으로 정하는 바에 따라 그 발행하는 주식의 양도에 관하여 이사회의 승인을 받도록 할 수 있다.

② 제1항 단서의 규정에 위반하여 이사회의 승인을 얻지 아니한 주식의 양도는 회사에 대하여 효력이 없다.

주식매수선택권(스톡옵션) 관련 규정

주식매수선택권은 회사의 설립과 운영, 기술개발에 헌신한 자에게 부여되는 것으로, 스타트업에서는 초기 자본금이 많이 부족하므로 스톡옵션을 부여하는 경우가 많다. 이러한 주식매수선택권 부여에 대해서는 정관에 규정하도록 상법에서 명시하고 있다.

상법 제340조의2(주식매수선택권)

① 회사는 정관으로 정하는 바에 따라 제434조의 주주총회의 결의로 회사의 설립·경영 및 기술혁신 등에 기여하거나 기여할 수 있는 회사의 이사, 집행임원, 감사 또는 피용자에게 미리 정한 가액(이하 "주식매수선택권의 행사가액"이라 한다)으로 신주를 인수하거나 자기의 주식을 매수할 수 있는 권리(이하 "주식매수선택권"이라 한다)를 부여할 수 있다. 다만. 주식매수선택권의 행사가액이 주식의 실질가액보다 낮은 경우에 회사는 그 차액을 금전으로 지급하거나 그 차액에 상당하는 자기의 주식을 양도할 수 있다. 이 경우 주식의 실질가액은 주식매

수선택권의 행사일을 기준으로 평가한다.

① 제340조의2 제1항의 주식매수선택권에 관한 정관의 규정에는 다음 각 호의 사항을 기재하여야 한다.

1. 일정한 경우 주식매수선택권을 부여할 수 있다는 뜻
2. 주식매수선택권의 행사로 발행하거나 양도할 주식의 종류와 수
3. 주식매수선택권을 부여받을 자의 자격요건
4. 주식매수선택권의 행사기간
5. 일정한 경우 이사회결의로 주식매수선택권의 부여를 취소할 수 있다는 뜻

임원의 보수규정

실질적으로 회사의 경영을 이끌어 나가는 사람은 임원(이사)이다. 그런데 주식회사의 이사는 근로자의 지위가 아니고, 따라서 이사와 회사가 근로계약을 체결하는 것이 아니다. 법적으로 회사는 이사에게 업무를 맡아달라는 청약을 하고 이사가 이를 승낙함으로써, 이사는 회사의 경영진으로서 수임인의 지위에서 위임계약을 체결하는 것이다. 그러므로 회사의 이사는 근로기준법상 최저임금이 적용되는 대상, 즉 근로자가 아니다.

주지하듯이 회사의 임원들은 종업원에 비해 우월한 위치에 있다. 그래서 임원들의 업무집행기관인 이사회를 통해 자신들에게 유리한 방향으로

회사를 운영할 가능성이 높다. 그래서 우리 상법에서는 '이사의 보수를 정관에서 정하지 않은 때에는 주주총회에서' 정하도록 규정하고 있다(상법 제388조).

정관의 규정에 따라서 이사의 보수를 정하는 방법은 달라질 수 있는데, 일반적으로는 주주총회에서 이사에 대한 보수한도 총액을 승인한 후 구체적인 집행은 이사회에서 결정하는 경우가 많다.

임원의 퇴직금 규정

법적으로 임원(이사)은 회사와 '근로계약'을 체결하는 것이 아니라 '위임계약'을 체결하는 것이므로, 아무런 결의나 규정이 없는 경우 당연히 퇴직금이 발생하는 것은 아니다. 그래서 보통 주주총회에서 승인받은 임원퇴직금지급규정을 정해두고, 임원이 퇴직하는 경우 이를 적용해 지급한다.

임원의 보수의 경우와 마찬가지로, 임원에게 과도한 퇴직금이 지급되지 않도록 다양한 견제장치를 두고 있다. 예를 들어 법인세법에서는 임원 퇴직금이 회사의 정관에 규정되거나, 그 경우가 아니라면 정관에서 위임된 퇴직급여규정에 따라 처리가 되어야 한다고 규정하고, 그 범위 내에서만 손금으로 인정하고 있다.

이번 챕터의 사례에서 ㈜플라시보는 창립에 공헌한 임원에 대해 퇴직금을 정관상 규정도 없이 지급하려 했다. 이 경우 주주총회의 의결에 따라 정해진 정관 등에 의해 지급되는 것이 아니므로 세법상의 규제를 받게 된다. 관련 예규를 보면 이러한 경우에는 손금에 산입하지 않고(손금불산입), 해당 임원의 상여로 본다고 되어 있다. 따라서 법인과 개인 모두에게 과세하는 방식으로 이를 규제하고 있다.

한편 임원퇴직금의 지급규정 해석 시 주의해야 할 점이 있다. 정관에서 위임된 퇴직금 지급규정은 ① 당해 위임에 의한 임원 퇴직금 지급규정의 의결내용 등이 정당하고, ② 특정임원의 퇴직 시마다 퇴직금을 임의로 지급할 수 없는 일반적이고 구체적인 기준을 말하는 것으로, 당해 지급규정의 내용에 따라 ③ 임원 퇴직 시마다 계속 반복적으로 적용해온 규정이어야 한다는 것이다.

만약 정관에 퇴직금 지급규정에 대한 구체적인 위임사항을 정하지 않고 "별도의 퇴직금 지급규정에 의한다"라고만 규정하면서, 특정임원의 퇴직 시마다 임의로 동 규정을 변경 지급할 수 있는 경우에는 법인세법상 손금으로 용인할 수 있는 적정한 퇴직금 지급규정으로 인정받지 못할 수 있다. 조금 사소한 이야기이나 정관에는 '공고 방법'도 포함되는데, 옛날에는 '당 회사의 공고는 ○○신문에 게재한다'라는 식의 조항이 대부분이었다. 이러면 정관에 명시되어 있으니 결산공고를 위해 '○○신문'에 비용을 들여 공고를 해야만 했다. 하지만 이제는 홈페이지에 공고를 할 수 있는데 그 전제는 회사 정관에 전자공고를 할 것을 명시하고, 회사 홈페이지 주소를 등기해야 하는 것이다. 이렇듯 정관은 회사의 기본적인 규칙을 담는 중요한 문건이므로 전문가들의 도움을 받아 세심하게 준비할 필요가 있다.

꼭 알아둬야 할
세금들

파워블로거 지나 송은 블로그를 통해 여러 가지 기초화장품을 소개하며 이것
이 인기를 끌자, 최근 자신의 인터넷 쇼핑몰 스타트업 ㈜리플리를 시작했다.
원래 개인사업자로 사업을 시작했지만 취급품목이 뜻밖에 인기를 끌어 매출
이 급격히 늘어나고, 투자하겠다는 사람도 나타나자 법인을 설립했다. 또한
늘어난 업무를 혼자 감당할 수가 없어 직원들도 고용했다. 블로거로 활동할
때는 솔직히 벌이가 그리 많지도 않았고, 그래서 세금도 큰 신경을 쓰지 않았
다. 하지만 이제 회사를 차렸고, 돈도 잘 벌고 있으니 세금에도 신경 써야 한
다는 것은 여기저기서 들어 알고 있지만 도통 감이 없다. 도대체 무엇을 어떻
게 해야 할까? 세금은 어떤 세금을 내야 하는 것일까?

어느 나라나 마찬가지지만 우리나라에도 정말 여러 종류의 세금이 있다. 기본적으로 세금은 중앙정부가 부과하는 국세와 지방정부가 부과하는 지방세로 구분이 되는데 국세에는 소득세, 법인세, 부가가치세, 종합부동산세, 상속세, 증여세 등이 있고, 지방세에는 취득세, 지방소비세, 지방소득세, 주민세, 자동차세 등이 있다.

아무래도 세금이라는 것이 복잡다단하다 보니 창업 초기에는 사업에 집중하고, 세금 문제는 세무사나 회계사에 일임하는 경우가 의외로 많다. 하지만 세금은 무지와 실수가 세금폭탄이나 가산세 등 현금유출로 이어져, 경우에 따라 회사의 존립에도 영향을 줄 수 있는 중요한 문제다. 따라서 적어도 사업을 하면서 부담하게 되는 세금에 대해서는 깊이 있는 이해가 필수적이라고 할 수 있다.

사업자가 부담해야 할 기본적인 세금, 즉 회사의 대표로서 우선적으로 잘 알고 신경 써야 할 세금은 부가가치세와 법인세(법인기업), 소득세(개인기업)다. 여기에 더해 직원을 고용하거나 외부인력을 사용하는 경우 대가를 지급하는 입장에서 원천징수의무를 지게 되는데, 다음에서는 사업자가 알아야 하는 세금의 주요사항을 정리해보려 한다.

가장 먼저 맞닥뜨리게 되는 부가가치세

스타트업 ㈜리플리는 매출액이 발생했기 때문에 우선적으로 부가가치세를 납부하게 된다. 사실 부가가치세는 재화 또는 용역을 소비하는 것에 대해 소비자가 부담하는 세금이다. 하지만 부가가치세의 징수 및 신고·납부는 세금을 부담하는 소비자가 하는 것이 아니라 재화 또는 용역을 공급하는 사업자가 대신하게 된다. 즉, 부가가치세를 징수하고 신고 납부하는 것이 사업자인 ㈜리플리가 해야 할 의무인 것이다.

이렇게 부가가치세 납세의무를 지니는 사업자를 과세사업자라고 한다. 이러한 과세사업자는 다시 일반과세자와 간이과세자로 구분된다. 그중 세법에서 정하는 일정 매출액에 미달되는 매출을 낸 개인사업자가 간이과세자가 되고, 법인은 앞서 이야기한 것처럼 간이과세자가 될 수 없다.

일반과세자에게 적용되는 부가가치세 계산구조는 다음과 같다.

매출세액(매출액의 10%) − 매입세액 = 납부세액

부가가치세는 매년 두 번의 예정신고(4월, 10월)와 두 번의 확정신고(7월, 그다음 해 1월)를 통해서 신고납부하게 된다.

법인의 소득에 대한 법인세

개인이든 법인이든 일정한 소득이 있다면, 반드시 거기에는 세금이 따른다. 주식회사 등 법인이 벌어들인 소득에 대해 내는 세금이 '법인세'라면, 개인이 벌어들인 소득에 대해 내는 세금이 '소득세'다.

따라서 ㈜리플리는 1년 간의 소득(과세대상소득)에 대해서 법인세를 신고 납부하게 된다. 현행 법인세율은 9~24%이고, 자세한 내용은 다음과 같다.

과세표준	법인세율(지방소득세 포함시)
2억 원 이하	9%(9.9%)
2억 ~ 200억 원	19%(20.9%)
200억 ~ 3,000억 원	21%(23.1%)
3,000억 원 초과	24%(26.4%)

개인소득에 대한 종합소득세

만약 지나 송이 법인사업자가 아닌 개인사업자로 사업을 했다면, 연간 벌어들인 사업소득에 대해 종합소득세를 신고하고 납부해야 한다. 현재 우리나라의 소득세는 종합소득과세 방식으로 운영되고 있고, 과세표준에 따라 다음과 같은 세율이 적용된다.

과세표준	세율	누진공제
1,200만 원 이하	6%	–
1,200만 원 초과 4,600만 원 이하	15%	108만 원
4,600만 원 초과 8,800만 원 이하	24%	522만 원
8,800만 원 초과 1억 5,000만 원 이하	35%	1,490만 원
1억 5,000만 원 초과 3억 원 이하	38%	1,940만 원
3억 원 초과 5억 원 이하	40%	2,540만 원
5억 원 초과 10억 원 이하	42%	3,540만 원
10억 원 초과	45%	6,540만 원

계산예시 : 과세표준 4,000만 원 × 세율 15% - 108만 원 = 492만 원

흔히들 개인사업자와 법인사업자를 많이 비교하고, 개인사업자의 형태로 사업을 하다가 법인사업자로 전환을 하기도 한다. 언뜻 앞의 세율구조만 보면 법인이 유리하게 느껴질 수도 있다. 예를 들어 과세대상 소득이 2억 원이라고 하자. 그러면 부담하게 될 세액이 다음과 같이 계산될 것이다(지방소득세 제외).

구분	소득세	법인세
과세대상소득	2억 원	2억 원
적용세율	38%	9%
산출세액	2억 원 X 38% − 1,940만 원 = 5,660만 원	2억 원 X 9% = 1,800만 원

법인의 경우 세부담이 훨씬 적은 것처럼 보인다. 하지만 법인세의 납세의무자는 주주 내지 대표이사인 지나 송이 아닌 ㈜리플리다. 만약 지나 송이 ㈜리플리의 직원으로서 급여를 받는다면 근로소득세를 내야 할 것이고, 주주로서 배당을 받는다면 배당소득에 대한 종합소득세를 내야 한다. 물론 배당소득에 대해 배당세액공제라는 이중과세경감 장치가 존재하긴 하지만, 어쨌거나 지나 송의 입장에서는 단순하게 법인세와 소득세의 세율구조만으로 판단할 문제는 아니다.

소득을 지급하는 쪽에서 걷어서 내는 원천징수

CEO인 지나 송이나 ㈜리플리의 입장에서 부담하게 되는 세금은 아니지만, 직원을 고용하거나 프리랜서 등을 고용하는 경우 반드시 챙겨야 할 사항이 원천징수다.

원천징수는 사업자(회사)가 일정 비율의 세금 등을 미리 공제하는 것을 말하는데, 직원을 고용하거나 프리랜서로부터 용역을 제공받고 대가를 지급하는 경우에는 상대방(즉, 직원이나 프리랜서)이 사업자가 아니기 때문에 대가를 지급하는 사업자(회사 = ㈜리플리)가 원천세를 차감하고 남은 금액을 지급한다. 그리고 회사는 징수한 원천세를 지급일의 다음 달 10일까지 관할세무서에 신고납부해야 하고, 매월 신고납부한 원천세 정보를 소득자별로 취합한 지급명세서를 관할세무서에 제출해야 한다.

한편 소득유형에 따라 적용되는 원천세율은 다음과 같이 상이하다.

구분	원천세율(지방세 포함)	비고
근로소득	간이세액표에 따른 세율	급여 및 부양가족 수에 따라 상이
사업소득	3.3%(주 1)	프리랜서 소득자에게 지급
기타소득	22%	필요경비 인정 비율 체크 필요
일용근로자	2.7%	15만 원 공제 이후 적용

(주 1) 최근 '삼쩜삼'이라는 용어와 함께 예상환급액을 산출해보라는 서비스의 광고를 본 적이 있다. 이는 사업소득에 대한 원천징수세율이 3.3%이고, 매년 5월 종합소득세 신고 시 이런저런 소득공제나 세액공제를 감안하면 미리 원천징수자가 징수해 납부한 세금을 환급받을 수도 있기에 나온 이름과 서비스다.

잊지 말자. 4대보험

세법에서 규정하고 있는 세금은 아니지만, 급여 등에 대한 원천징수의무와 함께 반드시 챙겨야 할 사항이 바로 4대보험이다.

국민에게 발생할 수 있는 사회적 위험(질병, 장애, 노령, 실업, 사망 등)을 보험의 방식으로 대처함으로써 국민의 건강과 소득을 보장하는 제도가 바로 4대보험, 즉 사회보험이다. 이는 국민연금, 건강보험(장기요양보험), 고용보험, 산재보험 총 4가지로 나누어져 있으며, 1인 이상 근로자를 고용한다면 의무적으로 가입해야 한다.

다만 다음의 조건에 해당하는 경우에는 4대보험 적용이 제외되는데, 결국 1개월 이상 근무하면서 월 8일 이상 근무하거나 월 60시간 이상 근무하는 경우 건강보험과 연금보험에 가입해야 하기 때문에 사실상 제외 대상은 많지 않다.

구분	주요 적용 제외 대상
국민연금	– 만 60세 이상인 자 – 1개월 미만의 기간 동안 고용되는 일용근로자로서 근무일수가 8일 미만인 자 – 월 소정근로시간이 60시간 미만인 자 – 법인의 이사 중 근로소득이 없는 자
건강보험	– 1개월 미만의 기간 동안 고용되는 일용근로자로서 근무일수가 8일 미만인 자 – 월 소정근로시간이 60시간 미만인 자 – 의료급여 수급자
고용보험	– 만 64세 이후에 고용된 자 – 월 소정근로시간이 60시간 미만인 근로자
산재보험	예외 없음

세무신고 일정은 잊지 않도록 메모해야 한다

㈜리플리는 법인사업자고, 부가가치세법상 일반과세자다. 직원을 10명 고용하고 있고, 필요시 프리랜서도 활용하고 있다. 이러한 ㈜리플리의 사업연도가 1월 1일부터 12월 31일까지라고 한다면, 연간 세무신고와

납부 일정은 다음과 같이 요약될 수 있다.

우선 매달 10일은 전월 원천징수분에 대한 신고납부기한이다. 원천징수이행상황신고서와 함께 신고납부를 잊지 않도록 한다.

1월 : 부가가치세 신고 및 및 근로소득간이지급명세서 제출

㈜리플리는 법인사업자로서, 전년도 10월부터 12월까지에 대해 당해연도 1월 25일까지 부가가치세 확정신고납부(전년도 2기 과세기간에 대한 확정신고)를 이행해야 한다. 또한 근로소득(일용근로소득 제외)과 사업소득을 지급한 경우, 당해연도 1월 31일까지 전년도 하반기 지급분에 대한 간이지급명세서의 제출의무가 있다.

2월 : 일용근로자 지급명세서 제출(연 4회)

일용근로자를 고용했다면, ㈜리플리는 연 4회(2월 말, 4월 말, 7월 말, 10월 말) 지급명세서를 제출해야 한다. 한편 ㈜리플리가 원천징수의무자로서 배당소득, 이자소득, 연금소득을 지급한 경우, 수령자 기준으로 전년도 소득별 지급내역인 지급명세서를 2월 말까지 관할세무서에 제출해야 한다.

3월 : 법인세 신고 및 사업, 근로, 퇴직소득 지급명세서 제출

㈜리플리는 사업연도 종료일이 12월인 법인사업자이므로 전년도 결산에 대해 다음 해 3월까지 법인세를 신고납부해야 한다. 그리고 근로소득, 사업소득(ex. 프리랜서), 퇴직소득을 지급했다면 지급명세서를 제출해야 한다.

4월 : 부가가치세 예정신고 및 지방소득세 신고납부

법인사업자의 경우 1월부터 3월까지의 부가가치세 적용 거래에 대해 4월 25일까지 예정신고납부를 해야 한다. 마찬가지로 7월부터 9월까지의 거래에 대해서는 10월 25일까지 예정신고납부를 하게 된다. 그리고 3월에 신고납부한 법인세 외의 지방소득세를 4월까지 신고납부해야 한다.

5월 : 종합소득세

㈜리플리와는 상관이 없고, 대표이사인 지나 송도 만약 ㈜리플리로부터 급여만을 받았고, 2월에 있는 근로소득 연말정산을 완료했다면 종합소득세 신고를 할 필요는 없다. 하지만 근로소득 외의 다른 소득(ex. 배당소득, 기타소득 등)이 있는 경우 종합소득세 신고가 필요하다. 만약 지나 송이 개인사업자 형태를 유지했다면 전년도 사업소득 등에 대해 다음 해 5월까지 종합소득세 신고납부를 해야 한다.

7월 : 부가가치세 확정신고 및 근로소득간이지급명세서 제출

지난 1월에 부가가치세 2기 확정신고를 했듯이, ㈜리플리는 4월부터 6월까지의 부가가치세에 대한 확정신고(1기 확정신고)를 7월 25일까지 신고납부해야 한다. 또한 상반기(1~6월)에 근로소득(일용근로소득 제외)과 사업소득을 지급한 경우 원천징수의무자로서 간이지급명세서 제출의무가 있다.

8월 : 법인세 중간예납

법인사업자는 직전년도에 납부한 세금의 반을 사업연도 중인 8월에 중간예납해야 한다. 만약 직전년도에는 법인세를 납부했으나 당해연도에는 손실이 예상되는 경우에는 반기결산을 통해 신고하면 세금을 미리 납부하지 않을 수 있다. 물론 전문적인 분야는 공인회계사나 세무사의 도움을 받아야 하겠지만, 서두에 언급했듯이 세금폭탄이나 가산세 등 불필요한 현금유출을 피하고, 절세를 하기 위해서는 관련 세무에 대한 전반적인 이해는 필수적이다. 전문가의 도움도 내가 무엇을 모르는지를 알아야 제대로 받을 수 있기 때문이다.

대부분의 상장사 주총과 함께 기말 감사 시즌이 마무리됐다. 정신없이 보내다 정신을 차려 보니 4월. 이상하게도 매년 회계감사의 업무강도는 자꾸 높아져간다. 나이를 먹어가는 것도 이유 중 하나겠지만, 그것을 차치하더라도 말이다.

요즘 세간에서는 MZ세대들의 전문자격증 취득 붐에 힘입어 공인회계사시험이 무척 인기라고 한다. 감사보수가 많이 오르고, 덩달아 연봉수준도 많이 오르면서 공인회계사의 인기가 상한가를 기록 중이라는 것이다. 바야흐로 공인회계사 전성시대(?)랄까. 아빠의 직업이 공인회계사고, 어떤 일을 하는지 최근에야 이해하게 된 두 성인 자녀를 둔 나로서는 매우 감동적인 상황이 아닐 수 없다.

사실 이런 상황의 시작은 몇 년 전 대우조선해양 회계스캔들의 영향으로 주기적 감사인지정제와 표준감사시간제, 내부회계관리제도 감사의 도입 등이 포함된 주식회사의 외부감사에 관한 법률(외감법) 개정안이 2017년 국회를 통과하면서부터라고 할 수 있다. 이른바, 회계개혁이다.

아주 간단히 요약하면, 독립적 외부감사인으로서 충분한 시간을 투입해 제대로 감사를 하라는 것이다. 물론 적정한 대가를 받고서다. 그 결과로 감사에 투입되는 시간은 이전보다 1.5~2배 수준으로 늘어났고, 감사보수도 그만큼 늘어났다. 그러니 더 많은 공인회계사가 필요해졌고, 늘어난 수요에 부합해 가격, 즉 연봉도 자연스레 높아진 것이다.

반면 회사들은 어떨까? 당연하지만 불만이 하늘을 찌르고, 입은 나올대로 나와 있다. 외부감사라는 것을 애당초 '돈 주고 매 맞는' 일 정도로여기던 회사라면 더더욱 그럴 수밖에 없을 것이다. 그래서인지 기업부담가중과 회계개혁의 실효성에 의문을 제기하며, 폐지 내지 완화 주장을 하는 목소리가 심심찮게 들린다.

이런 논란을 들으며, 문득 현장에서 회계감사라는 업무를 하고 있는나에게는 어떤 영향이 있었나 하는 생각이 들었다. 개정 외감법과 회계개혁이 가져온 또는 가져올 회계투명성의 강화, 공공 내지 시장 신뢰의 회복, 기업 지배구조 보완과 투자자 보호, 이를 통한 한국 자본 시장의 코리아 디스카운트 해소 같은 큰 이야기는 다른 분들께 미루고, 회계개혁이공인회계사인 나에게 가져다 준 변화는 무엇인지, 오늘은 그 이야기를 하고 싶다.

가장 큰 그리고 가장 중요한 변화는 무엇보다 각 감사업무당 투입하는 시간이 옛날보다 많이 늘어났다는 점이다. 나는 공인회계사 시험 합격후 회계법인에서 근무하다 이직해, 십여 년을 타 업종에 몸담았다가, 회계개혁법이 통과된 이후 다시 회계법인으로 돌아왔다. 그러니 연장선상에서 말하기는 쉽지 않지만, 어쨌든 그 옛날 옛적보다는 감사투입시간이 훨씬 늘어난 것은 사실이다(계속 회계법인에 있었던 동료들도 이 점에선 대부분 동의 한다).

이것이 적어도 나에게는 왜 중요하냐면, 충분한 감사시간은 곧 회계감사기준에서 요구하는 감사절차를 수행할 수 있는 여유를 뜻하기 때문이다. 결국 외부감사인으로서 나의 목표이자 의무는 감사기준에 따라 감사절차를 계획하고, 감사증거를 수집해 전문가적 판단에 따라, 회사의 재무제표에 전체적으로 부정이나 오류로 인한 중요한 왜곡표시가 없는지 합리적인 확신을 얻어 감사의견을 표명하는 것이다.

여기서 꼭 짚고 넘어가고 싶은 것이 전문가적 판단(professional judgement) 부분이다. 간혹 잘 모르는 일반인이나 심지어 공인회계사조차 회계사시험에 합격하고 자격증만 나오면 전문가가 되고, 전문가적 판단이 자판기처럼 척척 이루어지는 것으로 착각을 한다.

그러나 전혀 그렇지 않다. 또한 오랜 경험이 쌓인다고 해서 저절로 전문가적 판단이 되고, 재무제표를 쓱 보기만 해도 감사의견이 형성되는 것도 아니다. 옛날 옛적에는 수십 년의 경험이 쌓이면 감사대상 회사 대표나 CFO의 인상만 봐도 위험이 파악된다는 바보 같은 이야기를 들은 기억도 있다. 물론 초짜보다는 낫겠지만, 그래도 여전히 회사와 산업에 관한 이해, 위험에 대한 평가, 이에 대응하는 충분한 감사증거의 수집 후에야 비로소 전문가적 판단이 발휘되고, 제대로 된 감사의견도 표명될 수 있다. 단언컨대 이 전체 과정에 지름길은 없다.

뜬금없지만, 최근 팔순을 넘기신 어머니께서 건강이 급격히 악화되는 바람에 지난 몇 달간 이제껏 겪지 못했던 종합병원 경험을 엄청나게 하게 됐다. 그중에서도 끊임없이 이어지는 검사가 환자 당신께는 병환 그 이상의 고통이 됐다. 혈액을 뽑고 또 뽑고, 엑스레이, CT, MRI 등을 찍고 또 찍고, 심전도, 초음파 등을 검사하고 또 검사한다. 의사와 만나기 위한 준비시간만으로 몇 시간이 소요되는 것이다. 자연스레 불평과 불만이 새어나온다.

그러나 순번이 되어 진료실에 들어가 의사를 마주하게 되면 모든 것이 이해가 된다. "어디가 불편하세요?"라고 묻고 있는 의사의 눈은 컴퓨터 스크린의 각종 검사결과를 스캔하고 있다. 의사에게 주어진 시간은 환자당 길어야 5분이고, 이 짧은 시간에 전문가적 판단에 따라 진단을 내리고, 처방을 하려면 충분한 그리고 종합적인 데이터가 필요하다. 환자의 낯빛과 간단한 문진, 청진기를 통해 들려오는 심장소리와 숨소리만으로는 제대로 된 진단을 할 수 없다는 것은 굳이 말할 필요도 없으리라.

다시 회계감사로 돌아와서, 나에게 '전문가적 판단'이란 이런 것이다. 전문지식뿐만 아니라 현 상황에 대한 충분한 증거(데이터)가 있을 때나 가능한 그런 영역이라는 말이다. 시간이 부족해서 취해야 할 절차를 수행하지 못하고, 충분한 감사증거를 확보하지 못한다면? 전문가적 판단은 없다. 따라서, 감사의견도 형성될 수 없다. 그렇기 때문에 충분한 감사증거 수집을 위한 감사투입시간의 확보는 감사인에게 너무나 중요하다. 적어도 나에게는 그렇다.

그럼 지난 시즌 나는 충분한 감사증거를 확보하고, 이를 기초로 전문가적 판단에 따라 감사의견을 형성한 후 감사보고서를 발행했을까? 솔직히 많이 떳떳하지는 않다. 회계법인 내부 품질관리실의 심리나 감독기관의 감리라도 걸린다면 무난하게 통과할지에 대해 자신만만한 정도는 아니라는 의미다. 늘어나긴 했어도 시간은 여전히 아쉬웠고, 취하지 못한 절차도 적지 않았다.

역설적으로 그렇기 때문에 회계개혁은 아직 갈 길이 멀다고 생각한다. 많은 이들이 시장의 신뢰를 회복해야 한다는 이야기를 하지만, 그 전제로 감사를 담당하는 공인회계사는 자신의 전문가적 판단에 떳떳해야 한다. 근거 없는 자신감 말고, 전문지식과 충분한 감사증거에 기반한 전문가적 판단과 감사의견 말이다.

2017년 외감법이 개정된 후 회계개혁으로 인해 기업의 부담만 과중되었고, 그 성과는 불투명하다는 주장은 몇 년만 더 참아주시라. 이제야 감사기준서에 있는 감사절차를 어찌어찌 실질적으로 수행하기 시작했다. 그래도 강산이 변한다는 10년은 해봐야 하지 않을까? 시장의 신뢰 회복을 위해 이 정도의 선투자는 불가피한 시대의 요청임을 인정해줬으면 하는 바람이다.

출처 : 회계개혁은 이제 시작일 뿐인데…, 〈더칼럼니스트〉, 2023. 4. 18
(https://www.thecolumnist.kr/news/articleView.html?idxno=2122)

Part II
스타트업 회계

회계는 기업에서
통용되는 언어다

스타트업 회사 (주)드림의 창업자이자 대표이사인 샘 킴은 사업을 본 궤도에 올리기 위해 매일 분투하고 있다. 작년 초 설립할 때 불입한 창업 자본금은 이제 몇 달 후면 바닥을 드러낼 것이므로 샘 킴의 마음은 하루하루 타들어가고 있는 실정이다. 이런 와중에도 조금이라도 더 회사를 잘 경영하고자 하는 샘 킴은 요즘 회계를 배우려고 노력 중이다. 회사 내부 보고자료에서는 어려운 회계용어가 종종 보이고, 회사 홍보 자료에도 회계와 관련된 듯한 전문용어가 난무하기 때문이다. 수년 전에 먼저 창업해 알뜰히 사업을 성장시켜 온 한 대학 선배는 최근 샘 킴에게 이렇게 말했다. "경영자라면 회계의 기초는 이해하고 있어야 해. 그래야 회사를 잘 관리할 수 있거든. 안 그러면 회사가 산으로 가는지, 강으로 가는지 잘 모를 수 있어." 이공계 출신이라 회계학과 거리가 멀었던 샘 킴은 도대체 회계라는 것이 무엇인지, 그리고 회계 공부를 해야 한다면 어디서부터 어떻게 시작해야 할지 고민하기 시작했다.

◆◆◆

수년 전 필자는 어느 중소기업 대표이사가 관심을 보이는 B기업의 주식 인수 절차를 지원한 적이 있었다. 그 대표이사는 요즘 말로 '회알못(회계를 잘 알지 못하는 사람)'인지라 회계나 세무 쪽은 그야말로 문외한이었다. 그 대표이사는 B기업의 재무상태표상 자본금이 3억 원이라고 기록된 것을 보고 이렇게 말했다. "회계사님, 일단 B회사 자본금이 3억 원이네요. 그럼 3억 원이 통장에 있을 테니, 주식 인수대금으로 최소 3억 원은 지급해야겠지요?"

그 말을 들은 나는 깜짝 놀라며 재무상태표 자본란에 기재된 '자본금 3억 원'이 현재 회사 통장에 3억 원이 남아 있다는 것이 아님을 설명해줬다.

만약 독자 중에 그 대표이사처럼 생각하는 분이 있다면 '나도 회알못이구나'라고 생각하면 된다. 만약 그 대표이사가 B기업 주식을 인수하면서, 자본금 3억 원은 통장 잔액이라고 생각해 주식 인수대금으로 최소 3억 원은 지급해야겠다고 의사결정을 했다면, 주식 인수 후 B기업의 통장 잔액을 확인하고 어떤 생각을 했을까? 자신이 회계 문외한이었음을 탓하기 보다 속았다면서 주식 양도인을 오해하지 않았을까?

이렇게 회계라는 것은 우리 주변에 늘 존재하고 우리 경제생활에 많은 영향을 미치고 있음에도 불구하고, 중요성이 크게 알려져 있지 않은 실정이다. 도대체 회계는 무엇이길래 우리가 회계를 공부해야 하는 것일까?

회계를 한마디로 정의하자면 '언어'라고 할 수 있겠다. 기업은 수많은 이해관계자들과 회계라는 언어로 의사소통한다. 여기서 기업의 이해관계자는 다음과 같이 다양하다.

[이해관계자의 종류]

내부 이해관계자	기업의 임직원
외부 이해관계자	협력업체, 고객사, 개인고객(소비자), 주주 등 국내외 투자자, 채권자, 국세청과 감독기관 등 정부기관

이렇게 다양한 이해관계자들은 기업과 관련된 많은 정보를 해당 기업에 요구하고 있는데, 해당 기업은 그러한 정보를 회계라는 표준화되고 통일된 언어로 제공한다. 만약 경영진과 같은 내부 이해관계자에게 제공할 정보라면 관리회계라는 언어로 제공하고, 투자자, 채권자 또는 소비자 등과 같은 외부 이해관계자에게 제공할 정보라면 재무회계라는 언어로 제공할 것이며, 국세청에 제공해야 하는 정보라면 세무회계라는 언어를 구사할 것이다.

그래서 누군가 스타트업을 창업했거나 곧 스타트업을 창업할 계획을 가지고 있다면, 필자는 그 사람에게 회계공부를 조금씩이라도 시작해보고 회계와 친해질 것을 강력히 추천한다. 그 이유는 창업 이후 창업자가 활동하는 곳마다 회계가 따라다닐 것이기 때문이다.

다음은 기업 경영자가 경험하게 될 일부 사례들이며, 모두 회계가 개입된다는 공통점이 있다.

- 회사는 매일 회계장부를 기록·관리해야 한다.
- 회사는 외부거래처와 협업이나 제휴를 고려할 때, 처음 만난 사람들이 명함을 주고받듯이 서로의 사업자등록증과 함께 재무제표를 주고받는다. 상대회사가 어떤 회사인지 파악해야 하기 때문이다.
- 외부 투자자는 관심 있는 스타트업에 투자하기 전에 반드시 스타트업의 재무제표를 요구하고, 투자금을 납입하기 전에는 스타트업의 재무 상황에 대한 재무실사를 수행할 것이다.
- 스타트업 경영자는 자금 상황을 비롯해 회사의 자산과 부채, 월별 매출과 비용 현황 등을 매주 내부 임직원과 회의하며 예의 주시할 것이다.
- 스타트업 경영자는 다음 달에 또는 다음 분기에 입금될 금액이 얼마인지 알고자 채권 현황자료를 필요로 하고, 다음 달에 또는 다음 분기에 지출해야 하는 금액이 얼마인지 파악하고자 채무 현황자료를 원할 것이다.

위 사례 외에도 수많은 곳에서 시시때때로 회계라는 언어는 스타트업 경영자에게 다가올 것이며, 경영자는 회계가 말하는 것을 이해하고, 그 이해에 기초해 합리적인 경영의사결정을 내려야 할 것이다. 다음은 메이저리그 진출로 유명한 야구선수 김하성 선수가 한 인터뷰에서 이야기한 것이다.

"(미국 프로야구에 진출하려면) 야구를 잘해야 하는 건 당연하다. 그러나 그건 알아서 잘 준비할 것이라고 보고, 후배들이 영어를 배우면 좋겠다."

김하성 선수는 왜 미국 메이저리그로 진출하고자 하는 후배들에게 야구도 잘해야 하지만, 영어도 배우라고 권하고 있는 것일까? 이는 결국 어떤 분야든 그곳에서 사용하는 언어를 익히는 것이 중요하다는 뜻이 아닐까?

먼저 재무회계부터 공부하자

회계라는 언어는 앞서 이야기한 것처럼 크게 재무회계, 관리회계 그리고 세무회계로 구분된다. 관리회계는 내부 이해관계자, 즉 최고경영자와 중간관리자 등에게 기업 내부의 경영의사결정에 필요한 정보를 제공하는 회계분야다. 예를 들어 특정 제품라인의 폐지나 신설, 특정 제품의 판매가격 결정, 특정 제품의 수익성 분석 등에는 각 상황에 필요한 정보가 필요한데, 이러한 정보를 내부 이해관계자들에게 제공하는 것이 관리회계다.

세무회계는 기업이 세금을 국가나 지방자치단체에 납부하기 위해 과세대상소득을 산정하는 것을 목적으로 수행하는 일련의 과정을 말한다. 세법이 허용하는 범위 내에서 절세 계획을 세우는 것도 역시 세무회계의 주요 영역이다.

재무회계(financial accounting)는 외부 이해관계자가 합리적 의사결정을 할 수 있도록 유용한 정보를 제공하기 위해 기업의 경제적 사건을 인식, 기록, 전달하는 과정으로 회계에서 가장 기초적인 분야다. 재무제표를 작성해 공시하는 과정이 대표적인 재무회계라고 할 수 있다. 외국어를 구사하려면 우선 문법을 공부해야 하듯이, 기업의 재무회계를 이해하기 위해서는 기업회계기준을 공부해야 한다.

외부 이해관계자들의 경제적 의사결정에 필요한 신뢰할 수 있는 경영 정보를 제공하기 위해, 모든 기업들이 경영활동을 인식, 기록, 전달하는 과정에서 준수하기로 정한 기준을 바로 기업회계기준이라고 한다. 우리 나라의 대표적인 기업회계기준은 '일반기업회계기준'과 '한국채택국제회계기준(K-IFRS)'이 있다. 어떤 언어에 표준문법이 있어서 올바른 언어 사용을 도와준다면, 재무회계에서는 기업회계기준이 그러한 역할을 수행한다. 그러므로 재무회계를 이해하기 위해서 우리는 우선 기업회계기준을 충실히 공부하기로 하자.

문득 예전에 필자가 어느 중소기업에 회계감사를 수행하러 갔던 기억이 떠오른다. 그 기업에 재직하던 회계팀 직원이 회계감사를 하러 온 필자에게 조심스레 이렇게 말했다.

"회계사님, 그런데 당기순이익만큼 우리 회사 통장 잔액이 있어야 하는데 통장 잔액과 당기순이익이 서로 달라요…. 어떡하죠?"

지금부터 재무회계를 착실하게 공부해나가면, 당시 그 직원의 걱정이 괜한 걱정이었음을 곧 이해하게 될 것이다. Are you ready?

재무회계는
재무제표로 말한다

슈퍼울트라 대박의 꿈을 안고 샘 킴 대표가 (주)드림을 창업한 지도 어언 3년의 세월이 흘렀다. 창업 후 매일매일이 크고 작은 전투처럼 지나갔다. 이제 (주)드림은 연구개발인력과 기타 전문인력도 충원하며 임직원도 많아졌다. 매출은 아직 저조한 편이지만 조금만 더 노력하면 폭발적으로 매출이 증가할 것이라는 희망으로 하루하루 버티고 있었다.

그런데 최근 샘 킴 대표는 지인 소개로 (주)드림에 관심을 보이는 투자회사를 알게 됐다. 투자회사는 (주)드림의 사업 아이템에 관심을 보이며 샘 킴 대표에게 첫 미팅을 요청했다. 첫 미팅 일정이 잡히자 투자회사는 샘 킴 대표에게 미팅에 앞서 지전년도 재무상태표, 손익계산서 및 현금흐름표, 그리고 최근 가결산 상태의 재무상태표와 손익계산서를 제출해줄 것을 요청했다. 샘 킴 대표는 투자회사가 재무제표를 요청하는 이유를 이해하기 힘들었다. '아니, (주)드림의 사업 아이템에 대한 소개자료와 향후 이 사업을 대박 내기 위한 사업계획 상세자료 등만 가지고 미팅하면 되는 것 아닌가? 우리 회사 재무제표를 왜 보려고 하지?' 샘 킴 대표는 투자회사의 요구사항이 여전히 의아했다.

㈜드림에 관심을 표명한 투자회사는 왜 샘 킴 대표에게 미팅에 앞서 ㈜드림의 최근 재무제표를 요청했을까? 그 이유는 투자회사가 투자할 대상 회사의 최근 재무상태, 경영성과, 현금흐름 또는 우발부채 등을 간략히 파악한 후 투자 미팅을 시작하고 싶었기 때문이다. 투자회사도 ㈜드림이 설립된 지 3년밖에 안된 신설회사고, 자산과 부채가 복잡하지 않은 소규모 회사라는 것은 짐작하고 있겠지만, 경우에 따라 거액을 투자할 수도 있으므로 ㈜드림의 최근 자산과 부채, 매출 규모와 이익(또는 손실) 금액 등을 한번 체크해보고 싶었을 것이다. 그래서 최근 재무상태표와 손익계산서 등을 포함한 재무제표를 미리 요청한 것이다.

재무제표 = 4가지 표?!

재무제표는 무엇으로 구성되어 있을까? 재무제표는 재무상태표, 손익계산서, 자본변동표, 현금흐름표 등 4가지 표와 이 표들을 보완하고 친절히 설명해주는 주석(foot notes)으로 구성된다. 그러나 각 재무제표별로 상세한 공부는 추후 계속하기로 하고, 우선은 재무제표를 개관(overview)하는 시간을 가져보자.

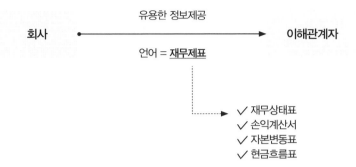

특정시점에서의 재무적 안정성을 알려주는 재무상태표

재무상태표는 '특정시점'에서의 자산, 부채, 자본(자본은 순자산이라고도 표현하는데, 이는 자산에서 부채를 차감하면 자본이기 때문이다)을 보여준다. 자산, 부채 및 자본은 재무상태표의 3요소이며, 재무상태표에서 "자산 – 부채 = 자본"의 등식은 언제나 성립한다. 여기서 '특정시점'은 주로 보고기간종료일을 의미하는데, 예를 들어 2023회계연도(2023. 1. 1~2023. 12. 31)의 재무상태표에서는 보고기간종료일인 2023년 12월 31일 현재의 자산과 부채 및 자본을 보여준다. 즉, 재무상태표는 특정 시점의 자산과 부채 현황을 보여줌으로써 그 회사의 재정적 능력과 안정성을 이해관계자들에게 말하는 것이다.

일정기간 동안의 경영성과를 알려주는 손익계산서

손익계산서는 '일정기간' 동안의 수익과 비용 그리고 이익을 알려준다. 여기서 '일정기간'은 보고대상기간을 의미하는데, 만약 2023회계연도 손익계산서라면 2023년 1월 1일부터 2023년 12월 31일까지가 보고대상

기간이 된다. 만약 2023회계연도 일사분기의 손익계산서라면 2023년 1월 1일부터 2023년 3월 31일까지가 보고기간이 되는 것이다. 그래서 우리는 손익계산서에서 (특정시점이 아닌) 일정기간 동안 매출과 수익, 원가와 비용, 그리고 당기순손익을 포함한 다양한 손익을 알 수 있다. 이와 같이 손익계산서는 특정 보고기간 동안의 회사의 경영성과를 말하는 표다.

[재무상태표와 손익계산서의 개념]

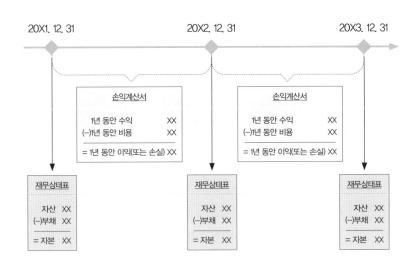

주주들의 몫이 어떻게 변화하는지 보여주는 자본변동표

자본변동표는 자본 항목별로 일정기간 동안의 변동내역을 알려주는 표다. 자본변동표는 자본을 자본금, 자본잉여금, 이익잉여금 등 주요 항목별로 구분하고, 항목별로 기초시점부터 기말시점까지 변동내역을 알려주는 표로 주주들의 몫인 자본의 변동을 항목별로 보여준다.

현금흐름표는 일정기간 동안 현금의 변동을 주요 활동별로 구분해서 보여준다. 현금흐름표는 주요 활동을 영업활동, 투자활동, 재무활동 3가지로 구분하고, 각 활동별로 현금유입과 유출의 세부내역을 표시한다. 한 기업에 있어서 현금은 우리 신체의 피에 해당한다고 할 만큼 중요하므로 현금흐름에 대한 정보 또한 소중한 정보일 것이다. 그런데 현금흐름표라는 이름에서 '현금'이라는 단어를 오해하지 마시라. 여기서 '현금'은 정확하게는 현금 및 현금성자산(cash equivalents)을 말하는데 현금성자산은 큰 거래비용 없이 현금으로 전환이 쉽고, 이자율 변동에 따른 가치변동의 위험이 거의 없는 단기투자자산을 지칭한다. 투자자와 채권자 등 이해관계자들에게는 다른 계정과목보다 현금흐름이 더욱 중요하므로 현금흐름표는 기본 재무제표에 포함되는 영예를 누리고 있다.

[현금흐름표의 개념]

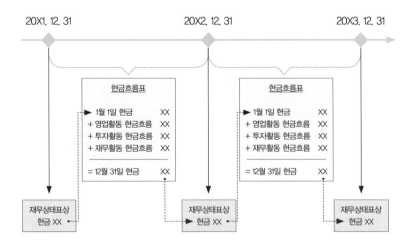

숫자 외의 정보라서 더 소중한 주석

마지막으로 주석은 4가지 재무제표를 보완해주는 내용으로, 이 역시 재무제표의 일부에 해당한다. 재무제표의 주석[*]은 주로 다음과 같이 구성된다.

주석 내용	설명
회사의 개요	− 회사의 주요 사업 설명 − 주요 주주와 주주별 지분율 − 기타 회사에 관한 기초 정보
회사가 채택한 주요 회계정책	− 주요 계정과목별 회계처리 방법 − 회사가 채택하고 있는 기업회계기준
계정별 주요 내용	− 주요 계정의 세부 내역 − 주요 계정의 변동 내역과 산출 내역 − 재무제표 숫자로 설명할 수 없는 내용 　예) 사용이 제한된 자산, 차입 관련 담보로 제공된 자산, 소송 등 우발부채성 사건 내용, 중요한 약정사항, 특수관계자와의 거래 및 거래로 인한 특수관계자에 대한 채권·채무 등

주석은 재무제표의 숫자의 이면에 있는 상세자료를 제공하거나, 재무제표에 기재되지 않았음에도 중요한 사건에 대해 알려줘서 회사를 더욱 깊이 분석하도록 도와준다. 그러므로 재무제표를 보다 깊이 이해하고, 분석하기 위해서는 주석을 꼭 살펴봐야 한다. 특히 투자자 입장에서 피투자 회사에 대한 깊은 분석을 하려면 주석내용을 반드시 읽어 봐야 한다.

---

[*] 전자공시에 재무정보를 공시하지 않는 비상장 중소기업들의 경우 대부분 주석을 작성하지 않는다. 그 이유는 아마 재무제표를 요청하는 이해관계자들이 결산재무정보를 요청할 때 주석을 요구하지 않기 때문일 것이다.

기업회계기준은
표준문법이다

　그런데 기업이 재무제표를 작성할 때 기업마다 제멋대로 작성하거나, 회계처리에 오류가 있는데도 이를 정정하지 않는다면 어떤 일이 벌어질까? 아마도 이해관계자들은 유사업종에 속한 기업들의 재무제표를 비교할 수 없을 것이고, 부정확한 재무제표는 수많은 이해관계자들의 의사결정에 쓸모 없는 정보를 제공할 것이다. 이런 일을 방지하기 위해 국어에도 표준문법이 있듯이, 재무회계에는 일반적으로 인정된 회계기준(Generally Accepted Accounting Principles, GAAP)이 있다. 일반적으로 인정된 회계기준에 따라 재무제표를 작성한다면 그 재무제표는 믿을 만해서 다양한 이해관계자들의 의사결정에 유용한 정보를 제공할 수 있다고 간주된다. 우리나라에서 일반적으로 인정된 회계기준은 다음과 같은 것들이 있다.

기업 구분 \ 회계기준 구분	중소기업 회계기준(주 3)	일반기업 회계기준	한국채택 국제회계기준
상장기업, 금융기관(주 1)	적용 불가	적용 불가	필수 적용
비상장기업(주 2)	적용 불가	선택 적용 가능	
기타 기업	3가지 회계기준 중 선택 적용		

(주 1) 모든 금융기관이 한국채택국제회계기준을 의무적으로 적용하는 것은 아님.

(주 2) 비상장기업 중 주식회사 등의 외부감사에 관한 법률에 따라 외부감사대상 비상장기업을 지칭함.

(주 3) 중소기업회계기준은 주식회사 등의 외부감사에 관한 법률 제2조에 따른 외부감사 대상 회사와, 공공기관의 운영에 관한 법률 제2조에 따른 공공기관을 제외한 회사의 회계처리와 재무보고에 관한 기준임.

위 표와 같이 상장기업과 대부분의 금융기관, 그리고 비상장기업 중 선택한 기업들은 한국채택국제회계기준에 따라 재무제표를 작성해야 하며, 그 외 외부감사 적용 대상 비상장기업은 일반기업회계기준에 따라 재무제표를 충실히 작성해야 한다. 만약 기업이 일반적으로 인정된 회계기준에 따라 재무제표를 작성하지 않았다면 고의적인 경우는 분식회계에, 과실에 의한 경우는 회계처리 오류에 해당한다.

재무제표는 발생주의로 작성한다

재무제표를 이해할 때 우리가 명심할 사항은 재무제표는 현금주의(cash basis)가 아닌 발생주의(accrual basis)의 원칙에 따라 작성된다는 점이다. 이는 현금주의와 대립되는 가정이다. 가계부를 작성할 때는 주로 현금 유입과 현금 지출이 되는 거래를 위주로 작성하는데, 이러한 장부작성이 현금주의의 대표적 사례다. 현금주의에 따르면 외상매출과 외상매입 등은 매출거래와 매입거래가 발생했지만 현금 유출입이 없으므로 장부에 기록되지 않는다. 그러나 발생주의를 따르는 재무회계에서는 현금 유출입과 무관하게 거래나 사건의 영향이 발생한 기간에 이를 인식해 장부에 기록한다.

사례를 들어 발생주의와 현금주의를 이해해보자. 회사가 여유자금 10억 원을 2023년 10월 1일에 1년 만기 정기예금(연이자율 5.0%)에 가입한 경우, 회사는 만기일인 2024년 9월 30일에 예금이자 5,000만 원(세금효과는 무시함)을 수령한다고 하자. 현금주의에 의하면 2023년도 결산 시에는 현금으로 수령한 이자수익이 없기에 이자수익이 0원이고, 2024년 9월 30일에 이자 5,000만 원을 전액 수령할 때 이자수익 5,000만 원이 장부에 기록된다.

그러나 발생주의에 의하면 2023회계연도를 결산할 때, 2023년 3개월 동안(10월 1일~12월 31일) 발생한 이자수익 1,250만 원(10억 원 X 5.0% X (3개월/12개월))을, 현금수입이 없음에도 불구하고, 이자수익과 미수수익으로 인식하고 장부에 기록한다. 그리고 2024년에는 나머지 이자수익 3,750만 원(10억 원 X 5.0% X (9개월/12개월))만큼이 인식되어 장부에 기록된다. 이 경우 현금주의와 발생주의에서의 수익을 비교해보면 다음과 같다.

장부작성 방법	2023년 이자수익 [a]	2024년 이자수익 [b]	이자수익 합계 [a+b]
발생주의[A]	1,250	3,750	5,000
현금주의[B]	0	5,000	5,000
차이[A−B]	1,250	(−)1,250	0

위 표에서 발생주의와 현금주의를 비교해보라. 과연 어느 방법이 2023년과 2024년의 경제적 실질에 부합되도록 나타내고 있다고 판단되는가?

특정시점의 재무상태는
무엇을 의미하는가?

(주)드림은 현재 향후 1년간 진행될 계약금액 2억 원인 컨설팅 계약을 A사와 체결하려고 한다. (주)드림의 샘 킴 대표는 모처럼 큰 계약을 체결할 기대에 부풀어 있었다. 그런데 A사에서 총 2억 원의 대금 지급방식을 선금 5%, 중도금 20%, 잔금 75%로 주장했는데, 샘 킴 대표는 선금과 중도금 비중이 작은 점이 불만이었다. 샘 킴 대표는 업무수행 진행 정도와 유사하도록 보수를 선금 20%, 중도금 50%, 잔금 30%로 계약하자고 주장했다.

"A업체는 왜 이렇게 잔금 비중을 높이려 하지? 만약 우리 (주)드림이 이 프로젝트를 기한에 맞춰 잘 완료했음에도 불구하고, A사가 잔금을 제때 지급하지 못한다면 남 좋은 일만 하는 꼴인데 말이야…"

샘 킴 대표는 A업체의 최근 재무제표를 전자공시사이트에서 입수해서 우선 재무상태가 양호한지, 보유 자금은 얼마나 되는지를 살펴보려 했다. 그러나 회알못 샘 킴 대표는 재무제표를 봐도 도무지 해석할 수가 없었다. "까만 건 숫자요 하얀 건 여백이고…쩝." 중요한 계약 체결을 앞두고 있으므로 샘 킴 대표는 회계를 좀 아는 친구에게 A사 재무제표를 보여주며, ㈜드림이 A사와 계약하면 A사가 나중에 보수를 무사히 지급할 만큼 튼튼한 업체인지 파악해 달라고 요청했다. 그 친구가 A사는 재무적으로 위험해 보이지 않는다고 말해서 어느 정도 안심이 된 샘 킴 대표는 '대표 노릇을 하려면 재무제표 읽는 법을 배워야지 안되겠군'이라고 마음속으로 다짐한다.

이제 재무제표 4가지를 하나씩 알아가는 시간을 가져보자. 첫 번째로 재무상태표는 말 그대로 '특정시점'의 '재무상태(financial position)'를 나타내는 표다. '재무상태'란 회계학적으로 자산, 부채 그리고 자본의 상태를 말한다.

특정 시점에서의	재무상태
당기말(12월 31일)	자산 - 부채 = 자본(순자산)

자산은 기업이 보유하고 있는 경제적 자원으로서 미래 경제적 효익을 창출해주는 것들이다. 예를 들어 기계장치, 비품, 상품과 제품, 매출채권 등이 있다. 부채와 자본은 기업이 필요자금을 조달한 것을 의미하며, 금융기관 등 채권자로부터 조달했으면 이를 부채라고 하고, 주주로부터 조달했으면 자본이라 부른다. 그래서 부채와 자본은 각각 채권자와 주주

가 기업에 청구할 수 있는 권리다. 부채의 대표적인 예가 외부 차입금이고, 자본의 대표적인 예가 보통주 자본금이다. 자본은 기업의 주주로부터 조달한 것이므로 '자기자본*'이라 하고, 부채는 금융기관 등 제3자로부터 조달한 것이라고 해서 '타인자본'이라 칭한다. 한 기업에 타인자본인 부채가 많으면 많을수록 이 기업은 재정적으로 취약하다고 간주하며, 자기자본이 크면 클수록 재정적으로 건전하다고 말한다. 타인자본은 상환 만기나 이자지급일이 정해져 있어서 그 기일까지 상환 또는 이자지급을 정확히 하지 않으면 채무불이행이 되지만, 자기자본은 그러한 기일이 존재하지 않기에 회사 입장에서는 자기자본이 많을수록 재정 압박을 덜 느끼기 때문이다.

우선 내용을 축약한 비교식 재무상태표를 보면서 재무상태표의 관상을 보는 법을 배워 보자.

과연 대박이 날 상인가?

재무상태표는 특정 시점에 기업의 재무적 안정성을 보여주는 표로서 자산, 부채 및 자본으로 구성된다. 부채보다는 자본이 더 많을수록 기업은 재무적 안정성이 높다고 할 수 있다. 부채 중에서도 유동부채가 많다면

---

* '자기자본'이라는 말을 한번 음미해보자. 개인주주이든, 법인주주이든 주주는 주식을 발행한 법인과는 법적실체가 다른 제3자다. 그래서 주주가 불입한 자본금이나 자본잉여금을 '자기자본'이라고 부르는 것이 적절한지 의문이다. 물론 자본 중에서 이익잉여금은 법인이 사업을 수행한 결과 벌어들인 이익의 누적액을 의미하므로 이익잉여금은 자기자본으로 불릴 만도 하다.

재무상태표
제3기(당기) 2023년 12월 31일 현재
제2기(전기) 2022년 12월 31일 현재

(주)드림   [단위 : 원]

자산	제3기	제2기	부채와 자본	제3기	제2기
자산			**부채**		
Ⅰ. 유동자산	XXX	XXX	Ⅰ. 유동부채	XXX	XXX
(1) 당좌자산	XXX	XXX	Ⅱ. 비유동부채	XXX	XXX
(2) 재고자산	XXX	XXX	**부채총계**	**XXX**	**XXX**
Ⅱ. 비유동자산	XXX	XXX	**자본**		
(1) 투자자산	XXX	XXX	Ⅰ. 자본금	XXX	XXX
(2) 유형자산	XXX	XXX	Ⅱ. 자본잉여금	XXX	XXX
(3) 무형자산	XXX	XXX	Ⅲ. 기타포괄손익누계액	XXX	XXX
(4) 기타비유동자산	XXX	XXX	Ⅳ. 이익잉여금	XXX	XXX
			자본총계	**XXX**	**XXX**
자산총계	**XXX**	**XXX**	**부채와 자본총계**	**XXX**	**XXX**

보고기간종료일 이후 1년 동안 상환해야 할 부채가 많다는 것을 의미하므로 단기적 현금 유동성 확보가 필요할 것이다. 단기적 현금 유동성을 잘 확보할 수 있는지 여부는 유동자산을 살펴보면 된다. 유동자산이 유동부채보다 많을수록 기업은 유동부채로 인한 단기적 부채 지급 부담을 극복할 수 있으며, 특히 유동자산 중에서도 재고자산보다 당좌자산이 클수록 더 단기적인 현금 유동성을 잘 확보했다고 할 수 있다. 자, 이제 우리 회사와 협업하고자 하는 거래처나 우리 회사가 투자하고자 하는 회사가 나타난다면, 그 회사의 재무상태에 대한 관상을 잘 보고 판단하자.

유동과 비유동은
왜, 어떻게 구분할까?

약식 재무상태표를 보면 자산은 유동자산과 비유동자산으로 구분되고, 부채 역시 그러하다. 그렇다면 어떻게 유동과 비유동을 구분하는 것일까? 그 구분선은 통상적으로 '1년(12개월)'이다.

먼저 유동자산이라 함은 보고기간종료일(만약 1월 1일부터 12월 31일까지를 보고기간으로 하는 손익계산서라면, 보고기간종료일은 12월 31일이다. 보고기간종료일은 당기말 또는 보고기간말이라고도 부른다.)로부터 1년 이내에 현금으로 회수되는 등 경제적 효익을 창출하는 자산이다. 예를 들어 유동자산 중 대표적인 계정과목인 매출채권 1억 원이 있다면 동 매출채권은 보고기간종료일로부터 1년 이내에 현금으로 회수될 것을 의미하며, 유동자산 중 단기대여금 1억 원이 있다면 동 단기대여금은 보고기간종료일로부터 1년 이내에 회수할 대여금을 의미한다.

그렇다면 비유동자산은 보고기간종료일로부터 1년을 초과해 회수되는 자산을 의미할 것이다. 예를 들어 비유동자산 중 기타비유동자산에 속하는 임차보증금 1억 원이 있는데, 임차계약기간이 끝나기까지 보고기간종료일로부터 2년이 남아 있다면, 이 임차보증금은 2년 후 임차계약이 종료될 때 회수될 것이므로 당기말에는 비유동자산으로 분류한다. 다른 사례를 들어 보면 회사가 여유자금 1억 원을 당기 10월 1일에, 3년 만기 정기예금에 투자한다면 이는 '투자자산'의 성격을 가진다. 그리고 동 정기예금이 회수되려면 보고기간종료일로부터 33개월을 기다려야 하므로 동 정기예금은 유동자산이 아닌, 비유동자산 중 투자자산으로 분류된다.

보고기간종료일로부터 1년 이내 회수 ▶ 유동자산
보고기간종료일로부터 1년 초과해서 회수 ▶ 비유동자산

이제 우리에게는 유동부채와 비유동부채를 어떻게 구분할 수 있는지도 어려운 문제가 아닐 것이다. 다만 자산이 아니고 부채이므로, 기업이 현금을 지출해야 하는 등의 경제적 효익을 갖는 자원이 유출된다라는 점이 다르다. 만약 은행으로부터 1년 만기 차입금을 당기 10월 1일 차입했다면, 이 차입금은 보고기간종료일(12월 31일)로부터 1년 이내(정확히는 9개월 후)에 기업이 상환해야 하는 의무가 있으므로 유동부채에 속한다. 만약 1년 만기가 아니고 만기 일시상환 조건의 3년 만기 차입금이었다면, 동 차입금은 보고기간종료일로부터 1년을 초과하는 미래 시점에 상환될 예정이므로 비유동부채에 속한다. 지급시점이 보고기간종료일로부터 1년 이내인 매입채무, 미지급금, 미지급비용 등도 대표적인 유동부채에 속하는 계정과목이다.

유동과 비유동을 왜 구분할까?

그렇다면 자산과 부채를 유동성(유동성은 liquidity라고 하며 자산을 현금으로 쉽게 전환해서 부채를 상환하거나, 기타 필요한 곳에 사용할 수 있는 능력을 의미한다)과 비유동성으로 분류해 표시하는 이유는 무엇일까? 그 이유는 자산과 부채의 유동화 정도를 구분해서 재무제표를 이용하는 이해관계자들에게 유용한 재무정보를 제공하기 위함이다. 여기서 유용한 정보란, 자산 중에서 보고기간종료일로부터 1년 이내의 기간에 현금화되는 자산인지 여부를 구분해, 기업의 단기 재무적 안정성을 알려주도록 하는 것이다. 부채 중에서도 보고기간종료일로부터 1년 이내에 기업이 어느 정도의 의무를 부담해야 하는지를 알 수 있도록 해, 기업의 단기 재무적 부담 정도를 파악할 수 있게 한다.

총자산이 동일한 두 기업의 예를 들어 왜 재무상태표가 유용한 정보를 제공하는지 알아보자. 두 기업 A와 B는 다른 상황은 동일하지만, 재무상태표는 다음과 같이 상이하다고 가정하자.

두 기업 모두 부채의 구성과 총계가 동일하고, 자산 총계도 동일하다. 그러나 유동자산은 A기업이 100억 원, B기업이 300억 원으로 상이하다. 두 기업 중 어느 기업이 재무적으로 더 안정적인가? 바로 B기업이다.

구분	A기업	B기업
유동자산	100	300
비유동자산	300	100
자산 총계	400	400
유동부채	200	200
비유동부채	50	50
부채 총계	250	250

보고기간종료일인 2023년 12월 31일로부터 1년 동안 두 기업 모두 유동부채 200억 원을 상환해야 하지만, B기업은 유동자산을 300억 원이나 보유하고 있으므로 유동부채 200억 원을 안정적으로 상환할 가능성이 높다. 그러나 A기업은 유동자산이 유동부채보다 100억 원 적어서 유동부채 200억 원을 안정적으로 상환할 수 있을지 의문이다. 이렇게 유동성 구분 표시는 이해관계자에게 기업의 재무적 안정성이나 재무적 건전함의 정도를 파악하도록 해주는 유용한 성격이 있다.

당좌자산이 더 좋은 이유

유동자산은 비유동자산보다 더 빨리 현금화되는 자산으로 기업의 단기 유동성을 파악할 수 있게 해주는데, 이는 크게 당좌자산과 재고자산으로 구분된다. 단기 유동성만 놓고 보면 유동자산 중에서도 재고자산(inventories)보다 당좌자산(quick assets)이 더욱 중요하다. 당좌자산은 판매과정을 거치지 않고 1년 이내에 현금화되는 자산으로, 환금성이 가장 높은 자산이다. 당좌자산과 재고자산에 속하는 자산들은 다음과 같다.

당좌자산	재고자산
현금, 보통예금, 매출채권, 미수금, 선급금, 선급비용, 단기대여금, 미수수익 등	상품, 원재료, 재공품, 반제품, 제품, 미착품 등

　　당좌자산과 재고자산은 동일한 유동자산에 속하지만, 재고자산은 판매과정을 거쳐야만 현금화되는 자산이므로 당좌자산이 더욱 환금성이 우수하다. 그래서 재고자산보다 당좌자산을 많이 보유할 때 기업의 현금 동원능력이 우수하다고 할 수 있고, 단기적인 재무 안정성이 좋다고 할 수 있다.

자본을 유동성 기준으로 나누지 않는 이유는?

그런데 자산과 부채와는 달리 자본은 유동성 자본이나 비유동성 자본으로 구분되지 않는다. 대신에 자본은 자본금, 자본잉여금, 기타포괄손익누계액, 이익잉여금 등으로 구분되고 있다. 한국채택국제회계기준과 일반기업회계기준에서의 자본 구분은 상이하나, 대체적으로 실무에서는 다음과 같이 자본을 구분한다.

한국채택 국제회계기준 (K-IFRS)	일반기업 회계기준	해당 계정과목의 예시
납입자본	자본금	보통주자본금, 우선주자본금 등
	자본잉여금	주식발행초과금, 자기주식처분이익, 감자차익 등
기타자본 구성요소	자본조정	주식할인발행차금, 자기주식, 주식선택권, 감자차손 등
	기타포괄손익누계액	재평가잉여금, 매도가능증권평가손익 등
이익잉여금 (결손금)	이익잉여금(결손금)	이익준비금, 임의적립금, 미처분이익잉여금(미처리결손금) 등

우선 자본은 모두 비유동성으로 간주한다. 즉, 모든 자본 항목은 보고 기간종료일로부터 1년을 초과해 존속할 것으로 기대한다는 것이다. 간단한 사례로 기업의 유상증자를 생각해보자. 유상증자는 기업이 주주로부터 자본금을 납입받고 주주들에게 기업의 지분, 즉 주식을 발행해 제공하는 것이다. 이 자본금을 받은 기업은 1년 이내에 주주들에게 반드시 배당금을 지급할 필요가 없고, 상황에 따라 심지어는 유상증자, 10년 후에 배당금을 지급하게 될 수도 있다. 이러한 이유로 주식을 발행해 기업이 납입받은 자본금은 유동성 항목이 아닌 비유동성 항목에 속하는 것이다. 그러면 자본은 도대체 어떤 기준으로 분류할 것인가?

납입자본 대 이익잉여금(결손금)

한국채택국제회계기준은 자본을 납입자본, 기타자본구성요소, 이익잉여금 등 3가지로 분류한다고 했다. 여기서 기타자본구성요소*는 말 그대로 기타 거래가 발생하는 경우 등장하는 계정들이므로 추후 공부하기로 하고, 여기서는 납입자본과 이익잉여금에 대해 알아보자.

납입자본과 이익잉여금을 구분하는 것은 자본항목의 원천이 자본거래인지 아니면 손익거래인지 여부다. '자본거래'라 함은 기업과 주주 간 거래로서 자본금을 증가(감소)시키는 증자나 감자 또는 자기주식 거래를 지

---

* 기타자본구성요소는 크게 2가지로 구분되는데, 첫 번째가 미실현손익이며 두 번째가 자본 차감적 거래다. 미실현손익의 예는 부동산 재평가잉여금이나 금융자산평가손익이 있는데, 이는 아직 손익이 미실현상태이므로 기타자본으로 분류되는 것이다. 자본 차감적 거래의 예는 자기주식 취득, 감자차손, 주식할인발행차금 등이 있고, 이들은 자본을 차감하는 항목들이다.

칭한다. '손익거래'는 손익계산서에 반영되는 수익과 비용을 발생시키는 거래다. 납입자본은 자본거래에서 발생하고, 이익잉여금은 손익거래에서 발생한다.

자본거래의 대표적 사례가 바로 유상증자 거래로 기업이 보통주를 발행해 주주에게 제공하고, 그 대가로 자본금을 납입받는다면 이는 자본거래에 속한다. 이러한 자본거래로 인해 기업은 (매출 등 수익을 일으키는 거래가 발생하지 않았음에도 불구하고) 주식발행대금을 납입받게 되는데, 이러한 거래는 (비록 자금이 기업에 유입됐어도) 손익계산서에 수익으로 반영되지 않고, 재무상태표에 자본금과 자본잉여금(주식발행초과금**)으로만 반영된다. 유상증자 외에도 자본거래에는 유상감자, 무상증자, 무상감자, 주식배당, 자본전입 등이 있으며, 이러한 수많은 자본거래를 거쳐 현재의 납입자본이 남아 있는 것이다.

'손익거래'는 통상적인 기업의 사업수행 결과에 따라 수익과 비용이 발생하는 거래로, 이는 손익계산서에 수익과 비용으로 반영된다. 그리고 손익거래의 최종 경영성과인 당기순손익은 결산과정을 거쳐 장부마감 (closing)이 되면 재무상태표의 자본란에 있는 이익잉여금으로 대체되어 누적된다. 이익잉여금은 매 회계연도마다 발생한 당기순손익이 누적된 것

** 주식발행초과금은 기업이 주주에게 주식을 발행해주고, 주주로부터 주식의 액면가액을 초과해 받은 납입자본이다. 예를 들어 기업이 보통주 1주(액면가액 5,000원)를 8,000원에 발행했다면, 주주로부터 납입받은 8,000원 중 액면가액 5,000원은 자본금으로, 나머지 3,000원은 주식발행초과금으로 분류하는 것이다.

으로, 만약 주주에게 배당을 지급한 경우 그 배당금은 차감된 후의 누적액이다. 만약 당기순손실이 수년간 지속되어 결손금이 누적되면 자본잠식이라는 현상이 나타날 수 있다.

이와 같이 자본 항목은 그 발생원천이 자본거래이면 납입자본으로, 손익거래이면 이익잉여금으로 분류되는 것이다. 결국 자본 총계가 증가하면 기업이 재무적으로 탄탄하다고 평가받는데, 자본이 증가하려면 납입자본과 이익잉여금 모두 증가하면 될 것이다. 납입자본이 증가한다는 것은 기업의 현재 주주들과 잠재적 주주들이 기업의 신주 발행 시 투자를 많이 한다는 것을 의미하며, 이익잉여금이 증가한다는 것은 기업이 사업을 수행한 결과로 당기순이익이 발생한다는 것을 의미한다. 즉, 자본거래나 손익거래를 통해 기업의 자본이 지속적으로 증가하면 재무적으로 안정적인 기업이 될 것이다.

지금까지는 재무상태표를 전체적으로 훑어봤고, 다음에는 재무상태표를 구성하는 주요 계정과목을 이해해보자.

현금 및 현금성자산,
내 마음대로 사용 가능한가?

샘 킴 대표는 어느 날 대학 친구와 함께 저녁식사를 했다. 친구는 본인이 요즘 주식 투자로 돈을 좀 벌었으니 식사비는 자기가 쏘겠다며 큰소리를 쳤다. 생활비에 쪼들리는 샘 킴 대표는 친구의 주식 투자 비법이 궁금했고, 친구에게 대박 날 종목 하나만 소개해달라고 말했다. 친구로부터 종목 하나를 소개받은 샘 킴 대표는 다음 날 그 종목 주식을 매입하려다가 그래도 어떤 회사인지 궁금해서, 전자공시 사이트에 공시된 그 회사의 최근 재무상태표와 손익계산서를 입수했다.

우선 재무상태표를 보니 유동자산이 유동부채보다 많아서 재무적으로 안정적인 것 같았다. 몇 년 전 거액의 외부 투자도 받아서 공장도 크게 건립한 회사였으며, 기사에 나온 대로 연구개발을 열심히 하는 회사라서 그런지 무형자산에 거액의 개발비 자산도 보였다. 샘 킴 대표는 이 정도 회사면 안정적인 회사고, 연구개발활동도 열심히 하는 우량 회사가 아닌가 싶어서 가지고 있던 여윳돈으로 주식을 매입하고 말았다. 주식 매입 이후부터 샘 킴 대표는 시간이 날 때마다 자기도 모르게 그 주식의 시가가 얼마인지 쳐다보고는 했는데, 몇 달이 지나도 그 주식의 시가는 올라가지 못하고, 오히려 하락세를 면치 못하는 것이 아닌가?

도대체 왜 이런 좋은 회사 주식이 힘을 못쓰는 것인지 도통 이해가 되지 않는 샘 킴 대표는 '내가 아직 재무제표 분석하는 법을 잘 몰라서 이 회사의 사정을 잘 모르는 것 같아. 재무제표를 조금 더 깊이 분석해서 이 회사가 어떤 회사인지 알아봐야겠어'라고 다짐한다. 과연 샘 킴 대표가 투자한 회사는 무엇이 문제였을까?

앞에서 우리는 주마간산(走馬看山) 격으로 재무상태표를 전체적으로 살펴보는 법을 공부했다. 달리는 말 위에서 산을 봤으니, 이제 말에서 내려 천천히 산속의 주요 지형을 들여다보자. 재무상태표를 구성하는 자산 계정부터 하나하나 알아보고, 주의할 점이 무엇인지 생각해보자.

다음 재무상태표는 쿠팡 주식회사의 최근 재무상태표 중에서 유동자산 부분만 가져온 것이다. 누구든지 전자공시 사이트에 가면 이 자료를 확인할 수 있다. 계정과목 바로 옆에 있는 숫자는 주석 번호로 관련 주석 내용을 찾아서 읽어 보면 해당 계정과목과 관련된 상세 내용을 알 수 있으므로 참고하라는 의미다. 회사마다 유동자산의 구성은 다르지만, 대표적으로 유동자산을 구성하는 주요 계정들은 있다. 그중 우리는 현금 및 현금성자산, 매출채권 및 재고자산을 살펴볼 것이다. 그리고 이번 챕터에서는 현금 및 현금성자산이 무엇인지를 알아보자.

재무상태표

제10(당)기말 : 2022년 12월 31일 현재

제9(전)기말 : 2021년 12월 31일 현재

쿠팡 주식회사 [단위 : 백만 원]

계정과목	주석	당기	전기
자산			
ㅣ유동자산		5,379,674	4,259,190
현금 및 현금성 자산	4, 5, 6, 27	1,000,969	255,881
단기금융자산	4, 5, 6, 16, 27	40,145	283,847
매출채권	4, 5, 7, 28	1,920,167	1,759,836
재고자산	8, 16, 27	2,044,354	1,641,505
당기법인세 자산			4,554
기타유동금융자산	4, 5, 27	153,796	168,564
기타비유동자산		220,243	145,003
(이하 생략)			

출처 : 금융감독원 전자공시시스템

가장 유동성이 높은 현금 및 현금성자산

유동성이란 자산을 현금으로 쉽게 전환해 부채를 상환하거나 기타 필요한 곳에 사용할 수 있는 능력을 의미한다. 그렇기 때문에 모든 자산 중에서 현금 및 현금성자산이 유동성이 가장 높은 자산이 된다. '현금 및 현금성자산'은 우리가 통상 알고 있는 현금 외에 현금성자산(cash equivalent)까지 아우르는 단어인데, 일단 여기서 '현금'은 지폐, 주화, 당좌예금, 보통예금, 외국통화 등을 말한다. 그리고 '현금성자산'은 큰 거래비용 없이 현금으로 쉽게 전환 가능하고, 이자율 변동에 따른 가치변동의 위험이 중요하지 않은 금융상품으로서 취득시점에 만기(또는 상환일)가 3개월 이내에 도래하는 금융자산을 지칭한다. 즉, 현금성자산은 자산보유자의 뜻에 따라 보유하는 자산을 제약 없이 쉽게 현금으로 전환 가능한 자산인 것이다. 대표적인 현금성자산으로는 예금증서, 정부가 발행한 단기국채, 우량기업이 발행한 단기어음이 있다.

현금 및 현금성자산인데 사용제한 조건이 걸려 있다면?

현금 및 현금성자산과 관련해 주의할 점은 그것이 담보로 제공되어 있거나 가압류가 걸려 있는 등 사용제한 조건이 존재하는지 꼭 확인해봐야 한다는 것이다. 이는 관련 주석내용을 꼼꼼히 읽어 보면 알 수 있다. 현금 및 현금성자산 중 사용제한 조건이 있는 자산은 그 인출이나 사용이 자유롭지 못해 쉽게 현금화하기 힘든 자산이므로, 기업회계기준에 따르면 이는 현금 및 현금성자산이 아니고, 단기(또는 장기)금융자산으로 표시되어야 할 것이다. 그리고 언제까지 그 사용이 제한되는지도 파악해, 기업의 유동성 규모를 판단하는 데 참고해야 한다.

매출채권이 서 말이라도
회수해야 보배

매출채권은 상거래 결과 발생한 채권(이는 미수금과 유사하게 들리나 엄연히 다른 계정이다. 매출채권은 상거래에서 발생한 채권이나, 미수금은 일반적인 상거래 이외의 거래에서 발생한다)으로서 외상매출금과 받을어음으로 나뉜다. 외상매출금은 구매거래처가 매입한 재화나 용역에 대한 대금을 추후 지불할 것을 구두로 약속한 것이고, 받을어음은 어음 발행인이 계약조건에 따라 수취인에게 일정 금액을 지불하기로 약속한 문서를 의미한다.

매출채권이 많을수록 유리할까?

매출채권은 짧은 기간 내에 현금으로 회수될 자산에 해당하므로, 재무상태표상 매출채권 잔액이 커질수록 기업에게 좋은 일이 아닐까? 그렇게 생각했다면 다음과 같은 경우도 한번 생각해보자.

[case 1] 매출과 매출채권 잔액이 증가하는 상황 1

[단위 : 억 원]

계정 구분	2021년(말)	2022년(말)	2023년(말)
연간 매출액	108	120	132
기말 매출채권 잔액	9	10	11

위 경우를 보면 매출액은 점차 증가하고 있고 그에 따라 매출채권 기말
잔액 역시 조금씩 증가하고 있다. 매년 매출채권 기말잔액이 조금씩 증가
하나, 이는 매출액 증가에 따른 것으로 추정되고 큰 문제는 없어 보인다.

[case 2] 매출과 매출채권 잔액이 증가하는 상황 2

[단위 : 억 원]

계정 구분	2021년(말)	2022년(말)	2023년(말)
연간 매출액	108	120	132
기말 매출채권 잔액	9	15	18

위 경우를 보면 매출액은 점차 증가하고 있고, 그에 따라 매출채권 기
말잔액 역시 증가하고 있으나 그 증가 추세가 매출 증가 추세보다 가파
르다. 이는 Case 1보다 Case 2가 매출채권 회수 속도가 느림을 의미한
다. 매출채권은 결국 현금으로 회수되어야 하는데, 현금 회수 속도가 점
점 느려진다면 매출을 일으킨 기업에서는 문제가 발생한다. 이처럼 매출
채권의 현금 회수 속도를 측정하는 지표로는 매출채권회전율과 매출채
권평균회수기간이라는 것이 있는데, 통상 다음과 같이 산출한다.

$$매출채권회전율(회) = 매출액/평균매출채권(*)$$
$$매출채권평균회수기간(일) = 365일/매출채권회전율$$

(*)(기초 매출채권+기말 매출채권)/2

　매출채권회전율은 클수록 그리고 평균회수기간은 짧을수록 매출채권이 현금으로 빠르게 회수됨을 의미한다. 앞서 살펴본 2가지 Case에서 매출채권회전율을 구해보자.

[case 1] 매출채권회전율

[단위 : 억 원]

계정 구분	2021년(말)	2022년(말)	2023년(말)
연간 매출액	108	120	132
기말 매출채권 잔액	9	10	11
평균매출채권	–	9.5	10.5
매출채권회전율	–	12.6회	12.6회
매출채권평균회수기간	–	29.0일	29.0일

[case 2] 매출채권회전율

[단위 : 억 원]

계정 구분	2021년(말)	2022년(말)	2023년(말)
연간 매출액	108	120	132
기말 매출채권 잔액	9	15	18
평균매출채권	–	12.0	16.5
매출채권회전율	–	10.0회	8.0회
매출채권평균회수기간	–	36.5일	45.6일

앞의 표를 비교하면 case 2의 회전율이 case 1보다 더 작고, 평균회수 기간은 case 1보다 더 길다. 이는 case 2가 case 1보다 매출채권이 느리게 현금화되고 있다는 뜻으로, case 2의 상황이 벌어진다면 경영자는 속히 매출채권 회수정책과 프로세스를 점검해야 함을 재무상태표는 경고하고 있다.

매출채권은 통상적으로 6개월 이내에 현금화된다. 그러나 매출채권 거래처의 재성 악화 등의 원인으로 매출채권의 현금 회수가 곤란할 수도 있는데, 이때 등장하는 계정과목이 대손충당금(allowance for doubtful accounts)이다. 즉, 회계에서는 보고기간종료일 현재 매출채권 잔액 중 회수되지 않을 것이라 합리적으로 예상되는 금액을 대손충당금으로 설정해놓는 것이다. 대손충당금은 매출채권 총액에서 차감하는 형식으로 표시되어 매출채권 차감계정이라 불리는데, 이는 대손충당금 잔액이 매출채권 중 회수가 불확실한 금액을 의미하기 때문이다. 열심히 영업해서 기껏 매출을 발생시켜 놓았으나 종국에 현금 회수가 안 된다면, 이거야말로 남 좋은 일만 한 것이 아닌가? 대손충당금이 0원이면 최선이겠지만 그래도 현실은 현실이므로, 매년 결산할 때 매출채권 중 추후 회수가능액을 합리적으로 추정하고, 회수가 불가능하다고 판단되는 금액만큼은 대손충당금이라는 매출채권 차감계정으로 표시해야 한다. 그래야 이해관계자들이 기업의 매출채권 중 확실하게 현금 회수되는 금액을 알 수 있다.

재고자산 장부가액은
뻥튀기 금지!!

재고자산은 판매 목적으로 보유하는 자산

재고자산(inventories)은 한마디로 판매하기 위해 보유 중인 자산이다. 이마트와 같은 유통회사는 상품이라는 재고자산이 많을 것이고, 현대자동차나 삼성전자 같은 제조회사에는 원재료와 재공품, 제품이라는 재고자산이 존재할 것이다. 아파트나 오피스텔을 건축하고 판매(분양)하는 회사라면 재고자산에 미분양완성건물이라는 계정이 보일 것이다. 만약 회사가 사무실로 사용할 목적으로 오피스텔을 매입했다면 그 오피스텔은 판매 목적이 아니고 업무용이므로 유형자산으로 분류되어야 할 것이다.*

---

* 회계에서는 보유 목적에 따라 자산을 분류함에 유의해야 한다. 만약 회사가 승용차 5대를 구입한 경우, 영업사원들을 위해 구입했다면 업무에 사용하기 위한 목적이므로 승용차는 유형자산으로 분류한다. 그러나 판매 목적으로 구입했다면 이는 재고자산으로 분류해야 할 것이다.

이러한 재고자산은 판매되면 현금이 유입되므로 유동자산이기는 하지만 (제조회사일 경우) 제조와 판매라는 과정이 필요하기 때문에, 매출채권이나 미수금보다 빨리 유동화되지 않을 것이다. 그래도 재고자산은 통상 보고기간종료일로부터 1년 이내에 판매될 것이므로 유동자산으로 분류하는 것이다.

재고자산은 많을수록 좋은 것일까?

재고자산은 유동자산에 속하므로 유동자산이 많을수록 기업에 유리하다는 생각에, 재고자산 역시 많을수록 기업의 재무 안정성에 좋은 것 아닌가라고 생각할 수 있다.

기업은 기말 시점에서 회사의 판매 정책을 감안해 재고자산 보유량을 결정할 것이다. 예를 들어 통상 기말시점이 12월 31일이므로, 차년도 일사분기에 매출이 급증할 것으로 예측된다면 기업은 기말시점에 재고자산을 많이 보유하고 있을 것이다.

그러나 특별한 상황이 아니라면, 매출채권과 유사하게 재고자산도 재고자산회전율과 재고자산평균회전기간을 측정해 재고자산을 효율적으로 관리하고 있는지를 판단한다. 재고자산회전율이란 기업이 1년 동안 재고자산을 평균적으로 몇 번 판매하고 있는지를 보여주는데, 통상 회전율이 높으면 재고관리가 효율적이라고 판단한다. 재고자산회전율이 낮은 경우는 재고자산 보유량이 과다하다는 것이며, 그 이유가 판매부진 또는 재고자산의 진부화일 가능성이 높다. 우선 다음 기사를 읽고, 재고자산회전율의 개념을 생각해보자.

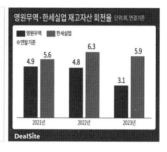

영원무역, 재고자산 회전율 뚝 떨어진 이유

[딜사이트 권녕찬 기자] 영원무역의 지난해 재고자산 회전율이 큰 폭으로 하락해 그 배경이 주목된다. 반면 영원무역의 대표 경쟁사로 꼽히는 한세실업의 경우 상대적으로 우수한 재고자산 회전율을 보이며 대조를 이뤘다. 영원무역은 특히 자회사를 통해 영위 중인 자전거사업의 부진으로 재고처리에 어려움을 겪고 있는 것으로 관측된다.(중략) 경쟁사 대비 영원무역의 재고자산 관련 지표가 유독 악화된 부분은 주력인 의류사업보다 자전거사업 부진 영향으로 풀이된다. 영원무역은 현재 자회사 스캇코리아를 통해 자전거사업을 하고 있는데 최근 스캇자전거의 판매 부진으로 재고자산이 큰 폭으로 증가하고 있다.(이하생략)

출처 : 〈딜사이트〉

재고자산회전율과 평균회전기간은 다음과 같이 산출한다.

재고자산회전율(회) = 매출원가(*)/평균재고자산(**)

재고자산평균회전기간(일) = 365일/재고자산회전율

(*) 매출원가 대신 매출액을 사용하기도 한다.
(**) (기초 재고자산+기말 재고자산)/2

회사의 주요 상품별 또는 제품별 회전율을 분석한 결과로 최근 재고자산회전율이 낮아지고 평균회전기간이 늘어나는 추세를 보인다면, 이는 그 상품 또는 제품의 판매가 부진하거나 진부화되어 시장에서 원활하게 팔리지 않는 재고자산이 존재함을 암시하므로, 이에 관한 대책을 수립해야 한다. 특정 재고자산이 잘 팔리지 않게 되면 재고자산을 매입하거나 제조하는 데 투입된 자금이 하나도 회수되지 않고, 재고자산 보관비용만 발생하고 있음을 의미하므로 속히 대책을 마련해야 할 것이다.

기말에 존재하는 재고자산들의 장부가액은 저가주의(Lower of Cost or Market, LCM)로 평가한다. 기말 재고자산의 장부가액, 즉 회계장부에 기록하는 금액은 재고자산의 취득원가와 기말 시점의 순실현가능가치(Net Realizable Value, NRV)를 비교해 낮은 것으로, 즉 저가로 기록해야 하는 것이다. 이때 순실현가능가치란 추정 판매가액에서 추정 판매비용을 차감한 가액이라고 생각하면 쉽다. 만약 기말시점에서 특정 제품군의 순실현가능가치를 합리적으로 추정했을 때에 기존 취득원가보다 금액이 작다면, 그 차액은 재고자산평가손실로 손익계산서상 매출원가에 포함되고, 재무상태표에서 재고자산평가충당금으로 기록하는데, 이는 재고자산 차감계정이 된다. 이는 매출채권과 그 차감계정인 대손충당금의 관계와 유사하다.

기말 재고자산 장부가액 = Min[취득원가, 순실현가능가치]
(순실현가치 = 추정 판매가액 – 추정 판매비용)

이렇게 기말시점에 재고자산 장부금액을 결정할 때 저가주의 방식을 적용하는 것은, 속칭 '뻥튀기' 표시를 싫어하는 회계의 보수주의(conservatism)* 때문이기도 하다. 이렇게 함으로써 이해관계자들에게 기말 시점 재고자산의 적정한 가치를 알려주는 것이다.

---

* 보수주의란 다양한 대체적인 회계처리 방법이 있을 경우 수익, 자산 및 자본은 적게, 비용과 부채는 많게 회계장부에 표시하는 방법을 택하는 것을 말한다. 이는 미래의 불확실성에 대처하기 위해 자산과 수익은 낮게 측정하고, 부채와 손실은 가능한 높게 측정하는 회계관행이다.

유형자산 그리고 현금지출이 없는 비용, 감가상각비

이제 자산 중에서 비유동자산을 공부해보자. 비유동자산은 유형자산, 무형자산, 투자자산, 기타비유동자산 등 여러 종류가 있으나 대표적으로 유형자산과 무형자산을 알아볼 것이다.

유형자산(有形資産)의 한자말은 '형태가 있는(또는 보이는) 자산'이라고 풀이된다. 그렇다면 유동자산 중 재고자산도 형태가 보이므로 유형자산이라고 할 수 있을까? 그렇지 않다. 그 이유는 재무회계가 말하는 '유형자산'이란 다음 조건을 모두 만족하는 자산을 말하기 때문이다.

보유목적 : 정상적인 영업활동에 사용하기 위한 목적
보유형태 : 물리적인 형태가 있음
사용기간 : 1회계기간(통상 12개월)을 초과해서 사용

그러므로 상품이나 제품과 같은 재고자산은 물리적 형태가 있기는 하지만 '판매'를 목적으로 보유하고 있으며, 1회계기간 '이내'에 판매될 것이 예상된다는 점에서 유형자산과 차이가 있다. 예를 들어 동일한 노트북이라고 할지라도 회사가 판매 목적으로 구입해서 보유 중이라면 이는 재고자산(상품)에 해당하나, 업무용으로 구입했다면 그것은 유형자산(비품)으로 분류될 것이다. 유형자산의 대표적인 계정은 토지, 건물, 기계장치, 시설장치, 비품, 차량운반구, 건설중인자산 등으로 모두가 1년을 초과해 사용하는 자산임을 알 수 있다.

현금지출이 없는 비용, 감가상각비

유형자산은 1회계기간을 초과하는 기간 동안 정상적인 영업활동에 사용하는 자산이라 했다. 그러한 운명 때문에 토지*를 제외한 유형자산은 매년 감가상각비를 인식해야 한다. 감가상각은 유형자산의 취득원가를 내용연수(useful life) 동안 합리적이고, 체계적인 방법(이 방법을 감가상각방법이라 한다)으로 비용화해 수익과 비용을 적절하게 대응시키는 행위다. 여기서 내용연수란 자산을 사용해 경제적 효익을 얻을 것으로 기대하는 기간, 즉 총사용량이나 총사용시간 등을 말한다. 따라서 내용연수 동안 유형자산은 영업에 활용되어 수익창출에 기여하는 반면, 그 수익에 대응해 매년 감가상각비라는 비용이 인식되는 것이다. 이해를 돕기 위해 단

---

* 건물, 기계장치, 비품 등 대부분의 유형자산은 유한한 내용연수(useful life) 동안 취득원가가 감가상각비라는 비용으로 전환되지만, 토지는 내용연수가 무한하므로 감가상각대상 자산이 아니다. 한편 내용연수의 한자는 耐用年數로, 'content'를 의미하는 내용과 전혀 무관하다.

순한 예를 들어 보자.

물류기업인 A기업은 2021년에 5.5억 원을 주고 특수 트럭을 매입했다. 이 트럭의 내용연수는 5년이며 5년 후 트럭의 잔존가치는 0.5억 원이라고 하면 매년 인식할 감가상각비는 다음과 같을 것이다. 단, A기업은 트럭의 감가상각 방법으로 정액법을 사용한다.

구분	산식	금액/비율	비고
감가상각대상 금액	= 5.5 − 0.5	5.0억 원	취득원가(−)잔존가치*
연간 감가상각율	= 1/5년	20%	매년 20% X 5년 = 100%
연간 감가상각비	= 5.0 X 20%	1.0억 원	

앞선 특수 트럭 감가상각의 의미는 무엇일까? 특수 트럭은 구입 후 5년간 영업에 사용되어 수익창출에 기여하게 된다. 이 5년간 창출되는 수익에 대응되는 비용이 바로 트럭의 감가상각비로서, 정액법에 의한 방법으로 감가상각비를 5년간 매년 1.0억 원씩 인식하게 된다. 손익계산서에는 트럭의 감가상각비가 비용으로 인식되고, 재무상태표에서는 트럭의 취득원가 아래 차감계정인 감가상각누계액이 표시된다. 그 결과 매 년도 말 트럭의 장부가액은 취득원가에서 감가상각누계액을 차감한 가액이 된다. 장부가액은 매년 감가상각비만큼 감소해, 마지막 5년도 말에는 잔존가치인 0.5억 원만 남게 되는 것이다.

---

* 취득원가 중 잔존가치 부분은 감가상각대상이 아니다. 잔존가치는 내용연수 완료시점에서 회수 가능한 가치의 추정치이므로 감가상각으로 비용화하지 않는다.

구분	산식	트럭의 내용연수(5년)				
		2021년	2022년	2023년	2024년	2025년
연간 감가상각비	A	1.0	1.0	1.0	1.0	1.0
감가상각비 누적액	B = ΣA	1.0	2.0	3.0	4.0	5.0
재무상태표 연도별 표시						
트럭 취득원가	C	5.5	5.5	5.5	5.5	5.5
트럭 감가상각누계액 (차감 표시)	D = B	(1.0)	(2.0)	(3.0)	(4.0)	(5.0)
트럭 장부가액	E = C − D	4.5	3.5	2.5	1.5	0.5

손익계산서에서는 트럭의 연간 감가상각비만큼 비용이 인식되지만, 감가상각비는 현금지출이 없는 비용이라는 점에 유의해야 한다. 감가상 각 방법에는 정액법 외에도, 정률법, 연수합계법, 생산량비례법 등이 있으나 상세한 방법론은 이 책에서는 생략하기로 한다.

자산재평가를 적절히 활용하자

앞에서 우리는 토지와 같은 감가상각 대상이 아닌 자산을 제외하고, 나머지 유형자산의 경우 취득원가, 차감계정인 감가상각누계액, 장부가액을 재무상태표에 표시한다고 말했다. 이런 방식으로 장부가액을 표시하는 방법을 '원가모형'이라고 하는데, 이는 자산의 취득원가에서 감가상각누계액을 차감해 장부가액을 보여주는 방식을 말한다. 한편 유형자산 (특히 토지, 건물, 기계 등)의 공정가액이 장부가액과 크게 차이가 나게 되면, 그 장부가액은 자산의 공정가치를 나타내지 못하기 때문에 이해관계자들에게도 유용한 정보를 제공하지 못한다. 토지나 건물 등 부동산의 경우 한 번 취득하면 상당히 오랜 기간 보유한다. 토지의 경우 취득 후 5년 정도만 지나도 최초 취득원가보다 공정가치가 꽤 상승하는 경우가 많다. 입지가 좋은 곳에 있는 건물의 경우에도 시간이 지날수록 건물 장부가액은 감가상각으로 인해 감소하지만, 오히려 건물의 시세는 많이 올라 장부가액이 공정가치를 잘 나타내지 못할 수도 있다. 그래서 유형자산의 경우 자산군별로 자산재평가를 실시해 장부가액이 공정가치를 잘 반영할 수 있도록 하는 길이 있다. 이러한 표시 방법을 '재평가모형'이라고 한다. 유무형자산의 경우 회사는 원가모형과 재평가모형을 자산군별로 선택해 재무상태표에 표시할 수 있다. 자산재평가 모형을 시의적절하게 활용하면 재무구조를 손쉽고, 건전하게 바꿀 수도 있다. 다음에 소개하는 롯데관광개발 사례를 한번 읽어 보자.

롯데관광개발 자산재평가로 부채비율 2591%→320% 급감

[머니투데이 김온유 기자] 롯데관광개발이 2조 원에 육박하는 자산재평가로 부채비율이 대폭 줄어들고 자본 규모는 9배 가까이 증가했다. 롯데관광개발은 27일 이사회를 열고 보유 중인 제주 드림타워 복합리조트의 건물과 토지 지분(전체의 59.02%)에 대한 자산재평가 금액 1조 8405억 원을 올해 1분 말 결산에 반영하기로 결정했다고 밝혔다. 이번 재평가로 기존 장부(1조2130억원)와의 차액 6275억원이 자산으로 반영되면서 총자산은 2조3916억원(연결기준)으로 늘어났다.(이하 생략)

출처 : 〈머니투데이〉

치명적인 유혹,
개발비

　앞에서 유형자산을 정의할 때, ① 정상적인 영업활동에 사용하기 위한 목적으로 취득하고, ② 물리적인 형태가 있으며, ③ 1회계기간을 초과해서 사용하는 자산이라고 했는데, 무형자산은 ②가 다르다. 즉, 물리적 형태가 없는 것이 무형자산이다. 그러나 물리적 형태가 없음과 더불어 회계적으로 무형자산이 되기 위해서는 식별 가능(identifiable)* 해야 한다. 대표적인 무형자산으로 브랜드명(상표권), 소프트웨어, 라이선스와 프랜차이즈, 저작권, 특허권, 기타 산업재산권, 개발비, 영업권 등이 있으며, 무형자산도 유형자산과 유사하게 매년 상각을 한다.

* 식별 가능하다는 것은 다음 2가지 중 하나 이상을 만족하면 된다. ① 해당 자산이 기업으로부터 분리 가능하다. ② 기업에 유입될 경제적 효익이 계약상 권리 또는 법적 권리 등으로부터 발생한다.

무형자산의 상각과 손상의 차이

유형자산은 내용연수에 거쳐 사용하는 동안 감가상각비(depreciation)라는 비용이 등장하나, 무형자산은 무형자산상각비(amortization)라는 이름의 비용으로 처리한다. 무형자산도 내용연수를 추정해 내용연수 동안 상각 절차가 진행된다. 그런데 일부 무형자산의 내용연수는 비한정(indefinite)이므로 상각을 하지 않는다(내용연수가 비한정인 무형자산으로는 영업권(goodwill), 골프 회원권, 스포츠시설이용권 등이 있다). 여기서 내용연수가 '비한정'이라는 것은 동 무형자산으로부터 순현금유입이 발생하는 기간을 예측하는 데 있어서 한계가 없음(또는 불분명함)을 의미하며, 내용연수가 무한한(infinite) 것을 의미하지 않는다. 내용연수가 비한정인 무형자산은 상각을 하지 않지만, 대신 매년 손상검사(impairment test)를 실시해, 무형자산의 손상이 확인되면 손상차손이라는 손실을 손익계산서에 인식해야 한다.

여기서 '손상(impairment)'의 개념을 알아보자. 손상은 유무형자산 모두 해당될 수 있는데, 손상이란 특정 유무형자산이 기술적 또는 상업적 진부화, 천재지변, 수요 부족 등으로 인해 자산가치가 중대하게 감소하는 경우를 말한다. 자산가치가 감소되어 미래에 사용 또는 처분(매각)해도 장부금액을 회수할 수 없는 징후가 존재하면, 동 자산의 손상검사를 실시해 동 자산의 장부금액을 회수가능액으로 감소시키고, 회수가능액과 장부금액의 차이를 손상차손이라는 손실로 인식해야 한다.

많은 스타트업은 연구개발활동(Research & Development, R&D)에 사운을 걸고 열심이다. 요즘은 기술력만 좋으면 매출과 이익이 변변치 않을지라도 스타트업 기업의 주식이 상장되기도 한다. 그래서 스타트업뿐만 아니라 대박을 꿈꾸는 사장님들은 R&D 활동에 많은 투자를 하고 있다. 연구개발 비용의 회계처리와 관련해 우선 다음 뉴스 기사를 읽어 보자.

증선위, '개발비 과대계상' 제낙스에 증권발행 제한 조치

금융위원회 산하 증권선물위원회가 회계처리 기준을 위반해 재무제표를 작성한 제낙스에 대해 증권발행 제한 12개월 및 감사인 지정 3년 등의 조치를 15일 의결했다.

우선 증선위는 제낙스의 2차전지 신규 사업 관련 연구개발비를 무형자산(개발비)으로 계산한 것에 문제가 있다고 판단했다. 제낙스는 지난 2011년 2차전지 관련 사업에 새로 진출했다. 이 과정에서 2011~2017사업연도 사이에 총 910억 7,300만 원어치의 연구개발 지출을 무형자산으로 인식했다. 연구개발비는 상업화 가능성에 따라 무형자산 혹은 비용으로 처리한다.

그러나 증선위는 "관련 사업의 상업화 가능성이 불확실해 내부적으로 창출한 개발비가 무형자산 인식 요건을 충족하지 못함에도 관련 연구개발비용을 무형자산으로 인식했다"며 "무형자산을 과대계상한 사실이 있다"고 해석했다.

출처 : 〈서울경제〉

무형자산 중에는 특이한 자산이 하나 있는데 그것이 바로 '개발비'다. 그래서 아직 본격적인 매출이 발생하지 않아서 지속 손실이 나는 스타트업의 경영자는 연구활동과 개발활동에 투자된 비용들(재료비, 인건비, 제반 경비 등)을 비용이 아닌, 무형자산에 속하는 개발비라는 자산 계정으로 회계처리하기도 한다. 이 얼마나 좋은 계정인가? 비용은 줄이고(결과적으로 순이익은 증가하고) 자산은 늘리고! 게다가 개발비라는 무형자산이 커 보이니 왠지 R&D 활동에 진정인 스타트업으로 홍보도 할 수 있을 것 같다! 그야말로 꿩 먹고 알 먹고 배도 부른데, 도랑 치고 가재까지 잡는 격이다. 아마 스타트업 대표자들이 기업회계기준서 '무형자산' 편에서 개발비 관련 내용을 읽어 보면, 본인 기업의 연구와 개발활동 관련 비용은 모두 개발비라는 자산으로 회계처리해도 될 것 같은 착각 또는 유혹에 빠져들 것이다.

그러나 기업회계기준서(한국채택국제회계기준과 일반기업회계기준)에서는 R&D 활동을 연구단계와 개발단계로 구분하고, 연구 및 개발단계에서의 활동과 관련된 비용은 원칙적으로 비용 처리하되, 개발단계에서 발생한 비용 중 특정 조건을 모두 만족시킬 경우에만 이를 무형자산인 개발비로 처리할 수 있다고 명시한다. 즉, R&D 활동과 관련한 지출을 비용이 아닌 자산으로 회계처리하려면 엄격한 조건들을 모두 충족할 경우에만 가능하다는 것이다.

지금까지 우리는 자산 계정들의 내면을 들여다봤다. 우리 회사 자산이 많다고 좋아하지 말고, 혹시라도 대금 회수가 지연되고 있는 매출채권이 있는지, 잘 팔리지 않는 장기체화 제품은 없는지, 자산성이 없는 연구개발비용이 무형자산으로 둔갑되어 있지는 않은지 한번 돌아보자. 빈 수레가 요란하고, 부풀어 오른 풍선은 터지기 마련이다.

자금조달의 양 날개,
부채와 자본

(주)드림은 12월에 A사에 향후 1년 동안 컨설팅 용역을 제공하기로 하는 계약을 체결하고, 다음 해 1월부터 본격적으로 컨설팅 업무를 시작하기로 했다. 총 보수는 5억 원이었고, 선금으로 총보수의 20%에 해당하는 1억 원을 12월 말에 수령했다. 샘 킴 대표는 12월에 이렇게 큰 계약을 체결한 것을 매우 기뻐했으며, 선금 1억 원을 받은 것에 대해서도 흐뭇해했다. 그렇지 않아도 회사 자금 사정이 그리 넉넉지 못한 상황이었는데, 컨설팅 매출 계약도 체결하고 현금 1억 원도 받았으니 (주)드림 입장에서는 자금압박에서 한숨을 돌릴 수 있는 상황인 것이다. 계약 체결 후 샘 킴 대표는 선금 수령액 1억 원이 12월의 매출로 인식되지 않고, 대신 유동부채인 선수금으로 회계처리 된다는 사실을 보고받았다.

"아니, 분명히 우리가 세금계산서를 발행해서 부가가치세 10%를 포함한 1억

1,000만 원을 받았는데, 이게 12월 매출로 인식되지 않는다고? 게다가 유동부채의 한 항목으로 처리해서 유동부채가 1억 원 증가하는 이유는 무엇이지?"

샘 킴 대표는 이렇게 계약금으로 수령한 금액이 선수금이라는 부채 항목임을 알게 되어, 선수금이라는 계정과목을 더 공부해보기로 다짐했다.

재무상태표를 구성하는 3요소는 자산, 부채 및 자본이라 말했다. 부채와 자본은 필요한 자금을 조달한 것을 의미하며, 회사는 그 조달한 자금을 사용해 영업활동을 위한 핵심 자산을 취득하거나 관련 비용을 집행한다.

부채는 타인자본이라고도 하는데, 주주가 아닌 제3자로부터 자금을 빌리는 것으로, 정해진 기한 내에 반드시 원금을 상환해야 한다. 만약 부채에 이자지급 조건이 붙어 있다면 자금 대여자에게 이자비용까지 의무적으로 지급해야 한다. 부채의 대표적인 예로 은행 차입금과 외상매입금, 미지급금이 있는데, 이 중 은행 차입금은 유이자부 부채고, 외상매입금과 미지급금 등은 무이자부 부채에 해당된다.

부채를 타인자본이라 칭하는 것과 대조적으로 자본은 자기자본이라 칭하며, 회사가 주식을 발행하고 주주로부터 필요한 자금을 조달하는 것을 뜻한다. 이 자본은 부채와 달리 원금을 정해진 기한까지 상환해야 하거나 이자비용을 지급해야 하지는 않는다. 대신 이익이 누적되어 배당 가능한 상황이 되면, 회사는 주주에게 현금 배당을 지급할 수 있다. 부채는 회사가 이익을 시현하는지 여부와 무관하게 정해진 기한에 원금상환을 해야 하지만, 자본의 경우 회사가 사업을 잘해서 이익을 시현해 배당가능 이익이 존재한다면 주주들에게 배당을 지급할 수 있다.

이렇게 자금조달이라는 공통점을 가진 부채와 자본 중에서 부채부터 알아보기로 하자. 앞서 자산을 설명할 때 살펴본 단순화한 비교식 재무상태표를 다시 한번 보자.

재무상태표
제3기(당기) 2023년 12월 31일 현재
제2기(전기) 2022년 12월 31일 현재

(주)드림 [단위 : 원]

자산	제3기	제2기	부채와 자본	제3기	제2기
자산			**부채**		
Ⅰ. 유동자산	XXX	XXX	Ⅰ. 유동부채	XXX	XXX
(1) 당좌자산	XXX	XXX	1) ○○○○	XX	XX
1) ○○○○	XX	XX	2) ○○○○	XX	XX
2) ○○○○	XX	XX	Ⅱ. 비유동부채	XXX	XXX
(2) 재고자산	XXX	XXX	1) ○○○○	XX	XX
1) ○○○○	XX	XX	2) ○○○○	XX	XX
2) ○○○○	XX	XX	**부채총계**	XXX	XXX
Ⅱ. 비유동자산	XXX	XXX	**자본**		
(1) 투자자산	XXX	XXX	Ⅰ. 자본금	XXX	XXX
(2) 유형자산	XXX	XXX	Ⅱ. 자본잉여금	XXX	XXX
(3) 무형자산	XXX	XXX	Ⅲ. 기타포괄손익누계액	XXX	XXX
(4) 기타비유동자산	XXX	XXX	Ⅳ. 이익잉여금(또는 결손금)	XXX	XXX
			자본총계	XXX	XXX
자산총계	XXX	XXX	**부채와 자본총계**	XXX	XXX

유동부채와 비유동부채의 구분

대부분 회사들의 재무상태표에서 부채는 유동부채와 비유동부채로
구분되어 있다. 우리는 이미 자산을 공부할 때 유동자산과 비유동자산
의 차이를 알게 됐고, 유동과 비유동의 차이도 배운 적이 있다. 이를 복습
해서 부채에 적용해보면, 보고기간종료일로부터 1년 이내 상환해야 하는
부채는 유동부채이며, 1년을 초과해 상환해야 하는 부채는 비유동부채
다. 유동부채가 발등의 불이라면, 비유동부채는 강 건너 불인 셈이다. 유
동부채와 비유동부채의 대표적인 계정은 다음과 같다.

유동부채	비유동부채
매입채무, 미지급금, 예수금, 선수금, 미지급 비용, 선수수익, 미지급법인세, 유동성장기부 채 등	장기매입채무, 장기미지급금, 장기차입금, 사 채(社債), 퇴직급여충당부채, 임대보증금 등

- 장기매입채무나 장기미지급금은 상환시점이 발생시점으로부터 1년
  을 초과하는 매입채무나 미지급금을 말한다.
- 장기차입금의 원금 중 상환시점이 당기말로부터 1년 이내 도래하는
  경우, 그 1년 이내 상환할 원금부분은 유동성장기부채라는 계정명으
  로 해서 유동부채로 분류해야 하며, 나머지 원금부분만 비유동성부
  채로 분류해야 한다.
- DB형(확정급여형) 퇴직연금제도를 채택하고 있는 회사의 경우 퇴직급
  여충당부채가 비유동부채로 분류될 것이나, 만약 DC형(확정기여형) 퇴
  직연금제도를 채택하고 있는 회사라면, 매년 종업원 계좌로 퇴직연

금을 지급하고 있으므로, 당기말 현재 퇴직급여충당부채라는 비유
동부채가 발생하지 않는다.

앞서 유동, 비유동부채에 관해 간략하게 살펴봤고, 이제는 우리가 재
무상태표를 볼 때 자주 만나게 되는 부채 계정들이 어떤 의미를 가지고
있는지를 알아보자.

매입채무와 미지급금은 동의어?
선수금, 선수수익, 예수금은 뭐지?

매입채무와 미지급금은 완전히 다르다

재무상태표에서 부채란을 보면 제일 먼저 등장하는 계정이 매입채무
(재무회계에서 매입채무는 회사의 주요 영업활동과정에서 발생하는 외상매입금과 지급어음
이다.)와 미지급금이다. 매입채무는 제품 제조를 위해 원재료 등을 매입하
거나 상품을 매입할 때, 그를 외상으로 매입한 경우 발생하는 부채로 통
상 1~3개월 이내에 상환한다. 그러나 미지급금은 정상적인 상거래 이외
의 거래에서 발생하는 미지급 대금이다. 즉, 매입채무는 상거래 과정에서
발생한 것이고, 미지급금은 상거래 이외의 과정에서 발생하는 것이다. 예
를 들면 회사가 기계장치를 구매할 때 발생한 미지급 대금은 미지급금으
로 표시하며, 이마트와 같은 유통회사가 상품을 외상매입한 경우에는 매
입채무라는 과목으로 표시해야 한다. 그러므로 부채란에서 매입채무와

미지급금을 볼 때 혼동하지 말아야 한다. 이러한 매입채무와 미지급금은 과다할 경우 상환 압박으로 곤란에 빠뜨릴 수 있으나 적정 수준을 유지 한다면, 영업활동이 원활하게 돌아가도록 하는 윤활유가 될 수도 있다.

선수금, 이미 수령한 대금이 왜 부채일까?

회사가 상품이나 제품을 인도하기 전에 또는 서비스 제공을 완료하기 전에 계약금 등 명목으로 거래처로부터 미리 수령하는 돈을 회계에서는 선수금이라고 하고, 이는 유동부채 계정 중 하나다. 선수금은 회사가 제 품이나 상품을 인도하지 않았는데도 미리 거래처로부터 수령한 현금인 데, 이때 현금을 받았다고 해서 성급하게 이를 매출로 인식하면 안 된다. 나중에 회사가 제품 또는 상품을 상대방 거래처에 인도하거나 서비스 제 공을 완료하게 되면 비로소 선수금을 제거하고, 그만큼 매출을 인식할 수 있다. 그러므로 매출 인식시점에, 예를 들면 제품을 거래처에 인도했거 나 상품을 고객이 수령했을 때, 기존의 선수금이라는 부채를 없애고 매출 계정으로 처리하게 된다. 이는 아직 매출 과정이 완료되기 전에 미리 받 은 대가인데 만약 중간에 매출 계약이 취소된다면, 기수령한 선수금은 거 래처로 반환해야 하므로, 매출과정이 완료되기 전까지는 부채에 해당하 는 것이다. 흔히 계약금을 계약체결시점에 받으면 이를 선수금이라는 부 채로 인식하는데, 계약금을 수령하기 위해 세금계산서를 발행했어도 이 를 매출로 인식할 수 없다. 재무회계는 현금주의가 아닌 발생주의로 회계 처리하기 때문이다.

선수수익은 홍시가 아닌 땡감

선수금과 비슷한 부채 항목이 바로 선수수익이다. 선수수익의 영문 표기인 unearned revenue는 '아직 획득되지 않은 수익'으로 번역되는데, 다음의 예를 들어서 이러한 선수수익의 개념을 이해해보자. ㈜드림이 사무실 일부를 다음 조건으로 B사에 임대했다고 가정해보자.

임대기간	총임대료	임대료 지급조건	비고
20X1. 7. 1 ~ 20X2. 6. 30	1,200만 원 (월 100만 원)	1,200만 원 전액 선급	㈜드림은 20X1. 7. 1. B사로부터 임대료 전액을 지급받음

20X1년 12월 31일을 당기말이라고 하면, 당기말 현재 ㈜드림은 아직 경과하지도 않은 6개월(20X2. 1. 1~6. 30)에 대한 임대료를 미리 받은 상태다. 그래서 20X1년 7월부터 12월에 대한 임대료는 기간이 경과됐으므로 수익으로 인식 가능하나, 아직 경과하지도 않은 내년 6개월에 대한 임대료는 비록 임대료는 기수령했으나 수익으로 인식하면 안 된다. 이를 '아직 획득되지 않은 수익(unearned revenue)', 즉 선수수익이라 하며 이는 유동부채의 한 항목이다.

만약 ㈜드림이 자금여유가 있어서 일정 자금을 제3자에게 대여해주고 총이자수익을 대여시점에 전액 선수했다면, 역시 12월 31일 결산시점에 선수수익이 발생한다. 그렇다면 이러한 선수수익은 왜 부채일까? 그 이유는 만약 만기가 도래하기 전에 임대계약이나 자금대여계약이 중도해지된다면, ㈜드림은 선수한 수익 중 남은 기간에 해당하는 부분만큼은 상대방에게 돌려줘야 하는 의무가 있기 때문이다. 역시 땡감은 홍시가 되기 전에 먹으면 안 되는 것이다.

수중에 있어도 곧 떠나갈 자금, 예수금

예수금은 회사가 잠시 보관하고 있다가 국가나 지방자치단체에 납부해야 하는 돈이므로 유동부채에 속한다. 회사는 종업원에게 급여를 지급할 때 국가와 지방자치단체에 귀속될 소득세 등을 원천징수하고, 이를 차감한 나머지 금액만 종업원에게 지급한다. 회사가 원천징수한 소득세 등은 한 달 내에 국가와 지방자치단체로 납부해야 하는데, 원래 그들이 소득세 등을 가져갈 주인이기 때문이다. 부가가치세예수금도 마찬가지다. 회사가 거래처에 제품을 100만 원어치 판매하면 매출로 인한 부가가치세 10만 원도 함께 매출처로부터 수령한다. 그 부가가치세 10만 원은 비록 회사가 거래처로부터 받았으나 최종적으로는 국가에게 귀속하므로, 부가가치세 신고 시 국가에 납부해야 한다. 그러므로 이러한 예수금은 모두 유동부채로 분류한다.

단기차입금과 유동성장기차입금의
차이는 무엇인가?

단기차입금은 차입일로부터 만기까지 기간이 1년 이내인 차입부채이며, 장기차입금은 그 기간이 1년을 초과하는 차입부채다. 흔히 말하는 마이너스통장에서 급전을 빌리는 것을 포함해 만기가 1년 이내인 차입금을 단기차입금이라 하는데, 이는 주로 운영자금이 필요할 때 단기간 차입하는 자금이다. 장기차입금은 공장건립 등 시설자금이 필요할 때 최소 1년 이상의 기간 동안 차입하는 차입금이다.

단기차입금은 유동부채로 장기차입금은 비유동부채로 분류하는데, 그렇다면 또 다른 차입부채인 유동성장기차입금은 어떤 것인가? 간단한 예를 들어 이해해보자. ㈜드림이 ○○은행으로부터 운영자금 3억 원을, 3년 만기 원금균등 상환조건으로 당기 1월 2일에 차입했다면, 당기말 재무상태표에 동 차입금은 어떤 부채로 표시될까? 원금균등 상환조건에 따라 만기까지 매년 1억 원씩 원금을 상환해야 하므로, 당기 중 이미 1억 원은 상환해 당기말에 차입금 잔액은 2억 원이 남아 있으며, 이 중 보고기간종료일(당기 12월 31일)로부터 1년 이내(즉, 내년도 말까지) 상환할 차입금 원금은 1억 원(A)이고, 보고기간종료일로부터 1년을 초과한 시점에 상환할 차입금 원금도 1억 원(B)이다. 여기서 A는 유동부채에 속하며 계정과목은 유동성장기차입금이라 하며, B는 비유동부채에 속하며 계정과목은 장기차입금이다.

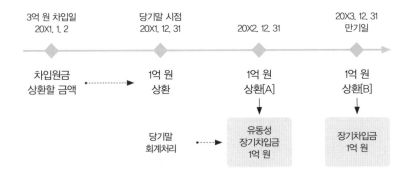

이렇게 유동성 분류에 따라 부채를 구분 표시함으로써 이해관계자들이 한 회사의 부채 중 보고기간종료일로부터 1년 이내 상환할 금액과 1년을 초과해서 상환할 금액을 알 수 있게 된다. 그렇게 이해관계자들은 회사의 재무적 안정성을 가늠할 수 있게 되는 것이다. 장단기차입금은 기업의 현재 영업상황과 향후 장단기 사업계획에 맞춰 적절한 수준으로 활용한다면 기업 운영과 사업 발전에 큰 도움이 될 것이나, 기업의 상환능력을 초과한 차입금은 추후 기업 경영에 독이 될 수도 있으므로 자금의 차입 의사결정 시 신중해야 할 것이다.

사채를 잘 활용하자

사채(社債, corporate bond)는 회사가 자금을 차입해 조달하는 방법 중 하나로, 회사는 사채권을 발행해 다수의 일반 투자자들에게 판매해서 자금을 조달한다. 여기서 사채권이란 이자*와 원금상환 등 확정채무 사항이 표시된 증권으로서, 사채를 발행한 회사는 사채 보유자에게 약속한 기간마다 약속한 이자를 지급해야 하고, 만기에는 사채원금을 상환해야 한다. 은행 등 금융기관차입금과 다른 점은 사채는 일반 투자자를 대상으로 직접 자금을 조달한다는 점이다. 그러므로 어느 정도 규모가 있는 회사에서 사채를 발행하곤 한다. 사채의 만기는 통상 1년을 초과하는데 보고기간종료일로부터 1년 이내 상환해야 하는 사채의 원금은 유동부채의 유동성사채라는 계정으로 분류하고, 나머지 사채 원금은 비유동성부채의 사채라는 계정으로 분류한다.

---

* 사채의 권면에 액면이자율이 기록되어 있으며, 사채 발행회사는 주기적으로 이자지급일에 그 액면이자를 지급해야 한다.

우선주를 발행했는데
부채가 증가한다고?

주식을 발행하는 것은 일반기업회계기준에 따른 회계처리에서는 자본으로 분류한다. 즉, 보통주를 발행하든, 우선주를 발행하든 자본금과 주식발행초과금 등 자본잉여금은 증가해 자본총계 역시 증가하게 된다. 그러나 한국채택국제회계기준에 따른 회계처리에서는 상환우선주를 발행하는 경우, 우선주식 발행으로 '부채'가 증가할 수도 있음에 유의해야 한다. 상환가능우선주는 우선주식 발행회사가 상환할 권리를 보유하는 경우와 우선주 주주가 상환권을 보유하는 경우로 구분된다.

첫째, 상환가능우선주(callable preference share)는 우선주 발행회사가 미래 특정시점에 약정한 가격으로 주주에게 상환하거나, 우선권을 해제할 수 있는 우선주를 의미한다. 이 경우 우선주의 발행으로 회사에게 상환 의무가 있는 것이 아니므로 부채가 아니고 자본으로 분류된다.

둘째, 의무상환우선주(mandatorily redeemable preference share)는 우선주가 발행됐으나 부채의 증가로 분류된다. 이때 우선주 발행회사는 미래 특정 시점에 해당 우선주를 상환해 소각해야 하므로 경제적인 실질은 우선주 발행회사 입장에서 보면 금융부채에 해당한다. 즉, 상환우선주를 발행회사가 의무적으로 상환해야 하거나, 상환우선주 보유자가 발행회사에게 특정일이나 그 이후에 확정됐거나 결정 가능한 금액의 상환을 청구할 수 있는 권리를 보유하고 있는 경우 우선주 발행은 부채의 증가에 해당한다. 따라서 한국채택국제회계기준에 따른 회계처리에서는 의무상환우선주를 발행한다면 발행기업 입장에서는 자본이 아닌 부채가 증가하는 것으로 회계처리해야 한다. 이와 관련해 다음 기사를 참고해보자.

초록뱀미디어, 전환우선주 전량 보통주 전환청구

[딜사이트 박기영 기자] 초록뱀미디어의 전환우선주 전량이 보통주로 전환 청구돼 재무부담을 덜 수 있을 것으로 보인다. 초록뱀미디어는 공시를 통해 약 70만주의 전환우선주가 1대 3.9 비율로 보통주 전환청구됐다고 23일 밝혔다. (중략)

초록뱀미디어는 국제회계기준(K-IFRS)에 따라 그동안 전환우선주를 부채로 인식해 왔다. 실제 현금유출은 발생하지 않는 장부상 손실인 '파생금융상품평가손실'로 재무적 부담이 가중됐다. 이번 전환우선주 전환으로 부채가 감소하고 자본은 증가해 재무 건전성이 한층 강화될 것으로 회사측은 기대하고 있다. (이하 생략)

출처 : 〈딜사이트〉

원칙중심 회계기준(principle-based standards)인 한국채택국제회계기준은 형식보다는 거래의 실질에 따른 회계처리를 지향하는 반면, 일반기업회계기준은 상환우선주의 발행에 대해 법적 형태를 존중해 자본으로 회계처리하는 것이다. 그러므로 우선주 발행 방식으로 자금 조달 시에는 우리 기업이 채택하는 회계처리기준이 어떤 기준인지 살펴보고, 의사결정을 하는 것이 현명할 것이다.

사업을 영위하다 보면 부채는 필연적으로 발생하는 회사의 의무이고, 적정 수준으로 활용한다면 영업활동에 득(得)이 될 수 있으나 부채에 과다하게 의존할 경우에는 이것이 자칫 독(毒)으로 변화할 수 있다. 그러므로 우리 기업의 유동성 능력과 사업계획 등을 고려해 부채의 규모나 향후 부채 상환 스케줄 등을 세밀하게 관리해야 할 것이다.

이별을 대비하는
퇴직급여충당부채

종업원이 1년 이상 근무할 경우 회사는 퇴직시점에 종업원에게 퇴직금을 지급해야 한다. 종업원의 미래 퇴직시점은 알 수가 없으므로, 보고기간종료일에 전 종업원이 일시에 퇴직할 경우 지급해야 할 퇴직금 상당액을 퇴직급여충당부채*라고 하고, 이를 비유동성부채로 분류한다. 보고기간종료일 현재 아직 퇴직하지도 않았고, 전혀 퇴직의향도 표명하지 않았지만 말이다.** 퇴직급여충당부채에서는 유동성으로 분류되는 것이 없는데, 이는 종업원이 언제 퇴직할지를 모르니 퇴직금 역시 전액 비유동성으로 간주하기 때문이다.

* 이는 일반기업회계기준에 따른 회계처리다. 반면 한국채택국제회계기준에 따른 회계처리는 계산방식도 다르며, 일반기업회계기준보다 좀 더 복잡하므로 이 책에서는 설명을 생략한다.

** 어떤 종업원이 "저는 이 회사에 뼈를 묻겠습니다"라고 주장해도 그 종업원에 대한 퇴직금 상당액은 매년 퇴직급여충당부채 계산 시 포함해야 한다.

만약 회사가 확정기여형(Defined Contribution, DC형) 퇴직연금제도에 가입하고 있다면 퇴직급여충당부채는 재무상태표에 나타나지 않고, 다만 퇴직급여라는 비용만 손익계산서에 반영될 뿐이다. DC형 제도를 채택한 회사는 종업원이 회계기간에 근무용역을 제공한 때 근무용역과 교환해, 기금에 퇴직급여와 관련된 기여금을 납부하면서 회사의 모든 의무가 종료되고, 종업원이 회사가 납부한 기여금을 자기 책임하에 운용하게 된다. 그러므로 당해 회계기간에 관련된 기여금을 납부할 때 비용으로 인식하면 된다.

반면 회사가 확정급여형(Defined Benefit, DB형) 퇴직연금제도에 가입하고 있을 경우 퇴직급여충당부채라는 계정과목이 재무상태표에 등장하게 된다. DB형 퇴직연금제도를 채택하고 있는 회사는 종업원이 퇴사할 때까지 회사가 퇴직연금을 관리할 의무가 있기 때문이다.

주주가 납입한 돈,
자본금

6개월 전 샘 킴 대표는 갑자기 여윳돈 1,000만 원이 생겨서 고민 끝에 전액 상
장 주식에 투자해보기로 했다.

'은행예금에 넣어 봤자 이자수입은 쥐꼬리만 하니 별로 안 당겨… 그래도 주
식에 투자하면 은행예금이자보다 더 많은 투자수익을 만질 수 있을 거야. 위
험한 '잡주'보다 안정적인 회사 주식을 하나 골라 투자해보자.'

몇 개 회사의 재무상태표를 살펴보다가 요즘 TV 광고에 등장하는 (주)허세라는
상장회사가 자본이 부채보다 매우 크다는 것을 보고, 샘 킴 대표는 (주)허세 주
식에 여윳돈을 올인했다. '자본이 부채보다 크니까 이 회사 주식은 적어도 주
가가 떨어지지는 않을 것 같아. 아주 안정적인 회사니까'라고 생각하며, 샘 킴
대표는 대박은 아니더라도 중박의 꿈을 꿨다.

그로부터 1년 후 샘 킴 대표는 ㈜허세 주식의 주가가 오르기는커녕 하락한 것을 보고 깜짝 놀라고 말았다. ㈜허세의 최근 재무정보를 입수해서 봐도, 그 회사는 여전히 안정적인 재무구조를 가지고 있었다. 다만 손익계산서를 보면 이익률이 그리 좋지는 않았다. 이에 평소 알고 지내던 노련한 회계사에게 ㈜허세의 재무구조에 대해 문의해봤다. "아니, 노회계사님, 이렇게 자본이 탄탄한 회사가 주가는 왜 오르지 않고 하락하나요? 이해가 안 되는데요?" ㈜허세의 최근 재무제표를 살펴본 노련한 회계사는 다음과 같이 답변했다.

"최근에 토지 재평가를 한 번 실시해서 거액의 재평가이익이 발생했네요. 그래서 기타포괄손익누계액이 크게 증가했고, 이에 따라 자본총액이 크게 증가해서 자본구조가 안정적으로 변했네요. 그러나 핵심 사업에서 발생하는 이익은 그리 매력적이지 않습니다. 그래서 주가는 힘을 쓰지 못하고 있는 것으로 보입니다."

'아니 이게 무슨 귀신 씻나락 까먹는 소리인가? 자본구조는 안정적이나 이익은 별로라니?' 샘 킴 대표는 도무지 노련한 회계사의 설명을 이해할 수 없었다.

부채와 자본은 자본조달의 양 날개라고 했다. 회사는 자금이 필요해서 자금을 조달할 때 차입금과 같은 부채를 동원하기도 하며, 유상증자를 통한 주주가 납입한 자본금과 같은 자본을 활용하기도 한다. 여기서는 재무상태표의 마지막 요소인 자본에 대해 알아보기로 하자. 자본은 통상적으로 다음과 같이 구분한다.

한국채택 국제회계기준 (K-IFRS)	일반기업 회계기준	해당 계정과목의 예시
납입자본	자본금	보통주자본금, 우선주자본금 등
	자본잉여금	주식발행초과금, 자기주식처분이익, 감자차익 등
기타자본 구성요소	자본조정	주식할인발행차금, 자기주식, 주식선택권, 감자차손 등
	기타포괄손익누계액	재평가잉여금, 매도가능증권평가손익 등
이익잉여금 (결손금)	이익잉여금 (결손금)	이익준비금, 임의적립금, 미처분이익잉여금(미처리결손금) 등

기업 주식이 상장되기 전까지는 일반기업회계기준에 따라 회계처리를 한다. 따라서 주식을 상장하기 전 스타트업 회사들의 입장을 고려해서 다음으로는 한국채택국제회계기준보다 일반기업회계기준에 따른 자본의 분류를 중심으로 알아보고자 한다.

'자본금'은 우리가 일상생활에서도 종종 사용하는 단어다. 그러나 회계적으로 보면 자본은 자본조달의 수단 중 하나이고, 주주가 회사가 발행한 주식을 받고 그 대가로 회사에 납입한 자금이 바로 회계 용어에서의 '자본금'이다. 정확하게 표현하면 주식 1주당 액면금액(par value)이 있는데 신주 발행 시 발행한 주식들의 총액면금액(=1주당 액면금액X발행주식수)을 '자본금'이라고 하며, 자본금에 추가로 납입된 금액을 '주식발행초과금'이라고 부른다. 즉, 주식을 유상으로 발행할 때 1주당 액면금액을 초과해 주주로부터 받은 자금이 주식발행초과금으로서 자본잉여금에 속한다.

단순한 사례를 들어 보자. ㈜대박은 1주당 발행가액을 10만 원으로 잡아 보통주 신주 1만주를 발행하고, 총 10억 원의 자금을 조달했다. 단, 보통주 1주의 액면금액은 1만 원이라고 하자. 이 경우 보통주 신주 1만주 발행으로 입금된 총액은 10억 원(= 10만 원 × 1만주)이며, 10억 원 중 액면금액의 총액은 1억 원(= 1만 원 × 1만주)이고, 나머지는 액면금액을 초과해서 입금된 주식발행초과금 9억 원이다. 그래서 주식발행으로 인한 자본금은 1억 원만큼 증가하고, 주식발행초과금은 9억 원만큼 증가한 셈이다.

그렇다면 액면금액과 발행가액은 어떻게 결정하는가?

이에 대한 정답은 없다. 액면금액은 상법상 최저금액이 100원으로 규정되어 있다(상법 329조 제3항). 그러므로 액면금액은 회사가 100원 이상의 금액 중 자유롭게 선택할 수 있다. 만약 회사가 설립 시 보통주식(주당 액면금액 100원) 10만주를 발행했다면 설립 자본금은 1,000만 원(= 100원 × 10만주)이 된다.

주당 발행가액에 대한 규정이나 정답 역시 없다. 회사가 영업상황을 고려해서 필요한 자금을 정하고 주식발행수를 정하면 주당 발행가액이 정해질 것이다. 예를 들어 회사가 공장 신축을 위해 총 30억 원이 필요한 상황에서 발행하고자 하는 주식수를 10만주로 선택한다면, 주당 발행가액은 3만 원(= 30억 원 / 10만주)이 될 것이다. 이때 만약 주당 액면금액이 주당 1만 원이라면, 10만주의 신주 발행으로 인해 총납입자본은 30억 원이 증가하며, 자본금은 총 10억 원(= 1만 원 × 10만주)이 증가하고, 주식발행초과금은 20억 원(= 10만주 × (3만 원 − 1만 원))이 증가한다.

자본금이나 주식발행초과금 등은 주주가 납입한 자금(paid-in capital)으로서 주주들은 향후 회사가 창출한 이익을 기대하며 위험을 감수해 주식에 투자한 것이다. 미래 회사 영업이 원활하게 되어 이익이 누적되면 주주는 회사로부터 배당금 수익을 수령할 것이며, 언젠가 보유 주식을 매각할 때 주식 양도 차익도 획득할 수 있을 것이다. 물론 주식발행회사의 영업이 악화되어 손실을 시현한다면 배당금 수익은 발생하지 않을 것이며, 주식양도 시 양도손실이 발생할 수도 있다.

재무상태표에서 자본금과 자본잉여금이 많은 기업이라고 해서 반드시 영업 능력이나 수익성이 우량한 것은 아니다. 자본금과 자본잉여금은 그 기업의 미래를 위해 주주들이 투자한 자금에 불과하므로, 그 기업의 영업 능력과 수익성의 양호 여부는 이익잉여금이 얼마나 많은지를 살펴보면 좋을 것이다.

사업을 잘해서 번 이익, 이익잉여금

　이익잉여금(retained earnings)은 회사가 설립 당시부터 사업을 수행해서 벌어들인 이익의 누적치에서 배당으로 주주에게 지급한 금액을 차감한 것으로, 회사 내부에 유보되어 있다. 앞서 설명한 자본금과 같이 주주들이 납입한 자금은 회사 사업 수행으로 인한 이익과 무관한데, 이러한 점이 이익잉여금과 차이가 있다. 손익계산서에 기재된 매 회계연도의 당기순이익이 결산 과정을 거쳐 마감되어, 재무상태표 자본란의 이익잉여금으로 매 결산기마다 누적된 것이 바로 이익잉여금이다. 물론 주주에게 배당을 지급할 때 그 재원도 이익잉여금이므로 이익잉여금에는 과거 배당한 금액은 차감되어 있다. 만약 손익계산서에 당기순이익 대신 당기순손실이 지속 누적된다면 재무상태표 자본란에는 이익잉여금 대신 결손금이 나타난다. 그래서 재무상태표에 이익잉여금이 많은 기업은 기본적으로 사업도 잘되고 이익률도 우수하다고 판단하면 된다.

여기서 착각하면 안 되는 점은 이익잉여금은 현금이나 예금 잔액과 무관하다는 것이다. 이익잉여금이라는 어휘만 보면 마치 회사가 순이익을 현금 또는 예금의 형태로 보유하고 있을 것 같은 착각이 든다. 그러나 회계적으로 이익잉여금은 현금과 예금을 포함한 다른 여러 자산의 형태로 변경되어 회사 내부에 남아 있다는 의미이므로, 이익잉여금 모두가 현금과 예금의 형식으로 잔존하고 있는 것은 아니다.

이익잉여금의 '처분'이란?

그렇다면 회사가 설립 시부터 현재까지 사업을 수행하고 획득한 이익인 이익잉여금을 어떻게 처리하면 좋을까? 주주들에게 배당금 지급도 해야 하고(사외유출), 차입금 상환 목적 또는 공장 확장을 위해 또는 미래 영업환경의 불확실성에 대비하고자 사내에 유보도 해야 한다. 이렇게 이익잉여금을 사내 유보할지, 아니면 사외유출을 할지 결정하는 행위를 이익잉여금의 '처분'이라고 한다. 매년 정기주주총회에서는 회사의 주인인 주주들이 미처분이익잉여금을 어떻게 '처분'할지를 의결한다.

현금과 예금이 풍부하면 주주에게 배당해도 되나요?

이익잉여금을 사외로 유출하는 처분의 대표적 사례가 주주에게 배당금을 지급하는 것이다. 회사는 그동안 누적된 이익잉여금 중 배당 가능한 이익의 범위 내에서 주주들에게 배당금을 지급할 수 있다. 상법 제462조를 보면 배당 가능한 이익이 규정되어 있는데, 그 범위는 회사가 가진 현금과 예금의 합계액과 무관하며 다음 표와 같다.

대차대조표[*]의 순자산액(A)	차감할 항목(B)	C = A − B
순자산 = 자산 − 부채	① 자본금 ② 그 결산기까지 적립된 자본준비금 ③ 그 결산기까지 적립된 이익준비금 ④ (대통령령으로 정하는)미실현이익(상법시행령 제19조)	배당가능이익(C)

위 배당가능이익의 산식(C = A − B)을 한번 음미해보자. 순자산(A)에서 차감할 항목들(B)을 제외하고 난 나머지(C)가 배당 가능한 이익이다.

차감할 항목들(B)은 배당하면 안 되는 항목들인데, 왜 배당하면 안 되는 것일까? ① 자본금과 ② 자본준비금은 사업수행 결과 회사가 획득한 순이익이 아니고 주주와의 자본거래로 회사가 투자받은 자금이므로, 이는 주주에게 배당할 성질이 아니다. 배당이란 사업수행 결과 벌어들인 이익으로 지급하는 성격이기 때문이다. ③ 이익준비금이란 회사가 금전으로 배당금을 지급할 경우, 자본금의 50%에 달할 때까지 현금배당액의 10% 이상을 법적으로 적립하도록 되어 있는 법정적립금으로서 사외로 유출해서는 안 되므로 배당가능이익에 속하지 않는다. ④ 미실현이익을 배당 가능하지 않도록 하는 이유는 아직 실현되지 않은 이익[**]에 불과하

[*] 상법에서는 아직 재무상태표라는 용어 대신 대차대조표라는 용어를 사용하고 있다.

[**] 미실현이익의 예를 들어 보자. 만약 10년 전 구입한 토지의 시가가 급등해서 재평가를 실시한 결과 거액의 재평가이익이 발생했다면, 동 재평가이익은 아직 실현되지 않은 장부상 평가이익에 불과하다. 이러한 장부상 평가이익은 토지가 실제 매각되어 토지매각대금이 입금되기 전까지 장부상으로만 존재하는 이익이므로 이를 재원으로 해 함부로 배당금을 지급하면 회사 재정이 악화될 수 있다.

므로 이를 함부로 사외유출하지 못하도록 하는 것이다.

배당가능이익의 산출식을 보면 어떤 기업이 거액의 유상증자를 통해 주주들로부터 엄청난 자금을 투자받아 현금과 예금이 넘쳐날지라도 이는 사업수행 결과로 얻은 순이익이 아니다. 단지 주주와의 자본거래로 인해 획득한 현금과 예금이므로 이를 배당금 지급의 재원으로 사용하면 안되며, 사업확장이나 신제품 개발 등 영업상 목적으로 사용해야 한다. 이에 참고로 배당가능이익이 부족해서 배당결의를 하지 못한 한솔홀딩스 관련 기사내용을 읽어 보자.

한솔홀딩스 "배당결의 못했다..배당가능이익 부족"

[이데일리 이재운 기자] 한솔홀딩스(004150)는 기재정정을 통해 당기말 기준 유의미한 배당을 하기에는 배당가능이익이 부족하여 배당 결의를 하지 못했다고 12일 공시했다. 이는 영업(잠정) 실적 공시에 관련 내용을 추가한 정정 공시다.(이하 생략)

출처 : 〈이데일리〉

사례 분석 - ㈜컬리의 경우

간단한 사례를 들어 자본을 이해해보자. 다음 재무상태표는 ㈜컬리라는 회사가 전자공시한 재무상태표에서 자본 부분만 요약한 것이다. 우선 당기말 자본금은 38억 원 정도에 불과하나 자본잉여금은 무려 2조 2,289억 원이다. 자본잉여금은 주석을 참고해보면 대부분 주식발행초과금이었다. 즉, ㈜컬리는 과거 유상증자를 실시해서 2조 2,000억 원 이상의 자금을 주주들로부터 투자받았다고 해석된다. 자본금은 단지 주식의 액면가액(1주당 100원)에 해당하는 금액에 불과하고, 액면가액을 초과하는 엄청난 자금을 투자받았다는 것을 알 수 있다.

한편 당기말 결손금은 2조 2,518억 원으로 거액이다. 이로 인해 당기말 자본총계는 겨우 161억 원에 불과하다. 거액의 결손금은 제1기부터 당기(제10기)까지 ㈜컬리의 영업 결과 순손실이 누적되어왔다는 것을 말하고 있다. 요약하자면 ㈜컬리는 2조 2,000억 원이 넘는 자본금을 투자받았으나 현재까지 사업수행 결과 누적된 순손실로 인해 자본총계가 겨우 161억 원이라는 것이다. 과연 ㈜컬리는 이러한 난국을 어떻게 헤쳐나가려 할 것인가?

재무상태표 중 자본 부분
제10기말 2023. 1. 1~2023. 12. 31
제9기말 2022. 1. 1~2022. 12. 31

㈜컬리   [단위 : 백만 원]

자본	당기말	전기말
Ⅰ. 자본금	3,883	3,844
Ⅱ. 자본잉여금	2,228,905	2,218,306
Ⅲ. 기타자본조정	34,995	32,700
Ⅳ. 기타포괄손익누계액	77	73
Ⅴ. 결손금	(2,251,791)	(2,067,902)
자본총계	16,069	187,021

출처 : 전자공시사이트

기타의 자본항목
- 자본조정과 기타포괄손익누계액

자본조정	기타포괄손익누계액
주식할인발행차금, 자기주식, 주식선택권, 감자차손 등	재평가잉여금, 매도가능증권평가손익 등

기타의 자본에는 자본조정과 기타포괄손익누계액이 있다. 자본조정 (capital adjustment)은 주주와의 자본거래에서 발생했으나 납입자본(paid-in capital)으로 보기 힘들거나, 자본의 차감 항목에 해당하는 것을 지칭한다.

또 다른 기타 자본으로 기타포괄손익누계액을 알아보자. 현재까지 발생한 '기타포괄손익'의 누적액이 기타포괄손익누계액이다. 먼저 '기타포괄손익(other comprehensive income)'은 광의의 손익에는 포함되지만, 당기순손익에는 영향을 미치지 않는 손익을 말한다. 예를 들면 토지 재평가로 인해 발생한 토지재평가차익이나, 장기 보유 목적으로 취득한 상장 주식의 공정가치 평가로 인한 평가손익*이 대표적인 기타포괄손익이다. 기타포괄손익은 미실현평가손익의 성격을 가지므로 당기순손익에 영향을 미치지 않도록** 기타포괄손익으로 분류하는 것이다. 이러한 기타포괄손익이 매년 발생해서 누적된 것이 재무상태표 자본란에 있는 '기타포괄손익누계액'이다. 당기순이익이 누적된 이익잉여금은 배당 가능하지만, 미실현평가손익의 누적치인 기타포괄손익누계액은 그 손익의 성질상 배당 가능한 자본이 아니다. 이는 앞서 설명한 배당가능이익(상법 제462조) 내용을 참조하기 바란다.

특히 부동산 가격이 폭등하는 시기에 부동산 가액을 재평가해서 재평가이익이 크게 발생할 수 있는데, 이러한 재평가이익은 기타포괄손익누계액을 크게 증가시켜 자본총계도 덩달아 급증한다. 이로 인해 회사의 자본구조가 우량해진 것으로 보일 수 있으나, 이는 미실현이익 증가에 기인한 것일 뿐 당기순이익과는 무관하다. 즉, 아무리 기타포괄이익이 크게 발생할지라도 이는 당기순이익을 증가시키지 않는다. 이는 회사 고유의 사업과 영업으로 벌어들인 이익이 아니므로, 회사의 수익성 향상과 관련이 없다는 뜻이다.

* 만약 회사가 장기 투자 목적으로 보유 중인 상장 주식이 있다면, 전기말 대비 당기말을 비교할 때 공정가치(즉, 시장가격)가 증가(또는 감소)한 경우 공정가치 증가액은 평가이익이고 하락액은 평가손실이다.
** 당기순이익(또는 당기순손실)은 말 그대로 '당기'의 순손익(순손실)을 의미하는데, 미실현된 평가손익인 기타포괄손익을 당기의 순손익에 포함하기에는 부적절한 것이다.

결국 재무상태표의 자본란을 해석할 때 자본총계가 부채에 비해 크면 클수록 재무적으로 안정적이라고 볼 수 있으나, 이왕이면 자본 항목 중에서도 이익잉여금이 크면 클수록 우량하고, 전도유망한 회사라고 할 수 있을 것이다. 주주가 회사에 투자한 자본금과 자본잉여금을 활용해 경영자는 주주가 허락한 목적사업을 효과적으로 수행하고, 이를 통해 우량한 경영성과를 거두고 이익이 누적되면 회사는 주주를 위해 배당금도 많이 지급하게 되며, 주주가 보유한 주식가치도 크게 상승하게 되어 종국적으로 주주의 부는 증가할 것이다. 요약하자면 주주의 자본, 주주에 의한 자본 그리고 주주를 위한 자본인 것이다.

경영활동 성적표, 손익계산서

드디어 12월이다. 샘 킴 대표는 올해 운이 좋게 매출이 전년보다 많이 증가해서 내년에는 올해 매출의 2배를 하겠다는 꿈에 부풀어 있다. 대충 추산해보니 올해 매출은 전년보다 2배 정도 늘어난 듯해서, 내년 초에 수고한 직원들에게 특별 상여금이라도 지급할 생각을 하고 있었다. 늘어난 매출을 감당하기 위해서 직원들도 많이 선발했고, 업무 효율화를 위해 고가의 소프트웨어도 구매했으며 품질 향상을 위한 외부 컨설팅까지도 받았다. 샘 킴 대표는 올해 회사 외형도 성장하고, 조직력도 더 탄탄해짐을 느끼며 내년에는 더욱 열심히 일하리라 각오를 다졌다. 갑자기 샘 킴 대표는 이런 생각이 들었다. "매출은 많이 늘었는데 그렇다면 당기 영업이익도 많이 늘었을까?" 이에 회계팀장에게 올해 추정 영업이익을 계산해보라고 지시했는데, 며칠 후 회계팀장이 추정해 보고한 당기 영업이익은 샘 킴 대표의 눈을 의심케 하는 숫자였다.

"매출은 2배가량 증가했는데 왜 영업이익은 그대로지? 이거 계산을 정확하게 한 것일까?"

회계팀장의 주장으로는 판매비와 관리비가 전년보다 크게 증가한 탓이라고 한다.

손익계산서는 무엇을 말하고 있는가?

재무제표에는 재무상태표, 손익계산서, 자본변동표 그리고 현금흐름표가 있다. 이번 챕터에서는 손익계산서를 이해해보자. 손익계산서는 한마디로 일정기간 동안의 경영성과를 보여주는 표다. '일정기간'이라 함은 손익을 보고하는 기간을 뜻하며 1년, 6개월, 3개월 등 다양하다. 연차 손익계산서의 경우라면 1회계연도(통상 12개월)의 경영성과를 요약해서 보여줄 것이고, 반기 손익계산서라면 상반기 6개월의 경영성과를 보여줄 것이다. 여기서 '경영성과'는 수익, 비용, 순이익을 의미한다. 그래서 연차 손익계산서는 한 회계연도 동안 매출과 기타 수익, 매출원가와 기타 비용 및 손실 그리고 순손익을 보여주고 있는 것이다. 재무상태표가 특정시점에서의 자산과 부채 및 자본을 보여주는 정태적인 표라고 한다면, 손익계산서는 보고기간 동안의 성과를 보여주는 동태적인 표라 할 수 있겠다.

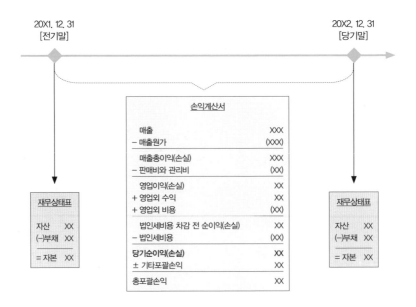

다음의 표는 손익계산서의 표준적인 보고형식을 보여주고 있다.

손익계산서
제3기(당기) 2023년 12월 31일 현재
제2기(전기) 2022년 12월 31일 현재

(주)드림   [단위 : 원]

과목	당기	전기
매출액	XXX	XXX
매출원가	XXX	XXX
매출총이익(또는 손실)	XXX	XXX
판매비와 관리비	XXX	XXX
영업이익(또는 손실)	XX	XX
영업외수익	XXX	XXX
영업외비용	XXX	XXX
법인세비용차감전순이익(또는 손실)	XX	XX
법인세비용	XX	XX
당기순이익(또는 손실)	XX	XX

수익 - 비용 = 이익

한마디로 손익계산서는 수익, 비용 그리고 순손익을 보여준다. 다만, 이해관계자들에게 쓸모 있는 정보를 전달하기 위해 수익과 비용을 분해하고 재정리하고 있다. 일반기업회계기준에 따른 손익계산서는 다음과 같은 개념들로 정리된다.

구분	종류
수익	매출액, 영업외수익
비용	매출원가, 판매비와 관리비, 영업외비용, 법인세비용
이익(손실)	매출총손익, 영업손익, 법인세비용차감전순손익, 당기순손익

당기순손익의 최종 운명

이렇게 매출에서 매출원가를 차감해서 매출총손익을 구하고, 매출총이익에서 판관비를 차감하면 영업손익을 구할 수 있다. 영업손익에서 출발해 영업외수익은 더하고, 영업외비용을 차감하면 법인세비용차감전순손익이 도출된다. 법인세비용차감전순손익에서 법인세비용을 차감하면 드디어 당기순손익이 구해진다.

당기순손익은 한 회계연도 동안 기업이 수행한 경영활동의 최종 성과에 해당하며, 주주에게 귀속되는 몫[*]이다. 한편 미실현평가손익과 같은

---

[*] 귀속주체별로 보면, 인건비는 임직원에게, 이자비용은 은행과 같은 채권자에게, 법인세비용은 국가와 지자체에게 귀속되며, 최종 당기순손익은 주주에게 귀속된다.

기타포괄손익이라는 항목이 있어서 이를 당기순손익에 가감하면 총포괄손익을 구할 수 있다. 총포괄손익은 주석사항으로 공시해야 한다.

당기순손익은 결산과정에서 마감절차를 거쳐 최종적으로 자본의 한 항목인 이익잉여금(또는 결손금)으로 보내진다. 당기순이익이 발생했다면 당기말 이익잉여금이 증가(또는 결손금이 감소)할 것이고, 당기순손실이 발생했다면 이익잉여금은 감소(또는 결손금이 증가)할 것이다. 만약 이익잉여금이 누적되어 상법상 배당가능이익이 존재한나면 배당가능이익의 범위 내에서 주주총회의 의결을 거쳐 주주에게 배당금이 지급될 수 있게 된다.

요약하면 손익계산서는 우리에게 매출과정에서 발생한 손익(매출총손익), 영업활동에서 발생한 손익(영업손익) 그리고 한 회계연도 동안 영업과 영업외적인 활동에서 거둔 손익(당기순손익)을 보여주면서 의미 있는 정보를 던져주고 있다. 자, 그럼 우리 회사 손익계산서를 살펴보고, 당기 우리 회사의 경영성과가 왜 그렇게 나왔는지를 한번 이해해보길 바란다.

수익과 비용
둘러보기

먼저 수익은 매출과 영업외수익으로 나뉜다. 일반기업회계기준에서는 매출을 다음과 같이 정의하고 있다.

"매출액은 기업의 주된 영업활동에서 발생한 제품, 상품, 용역 등의 총매출액에서 매출할인, 매출환입, 매출에누리 등을 차감한 금액이다."

즉, 매출액은 주된 영업활동에서 발생한 재화(제품, 상품 등)의 판매나 용역의 제공으로 인한 총매출액에서 차감요소(매출할인, 매출환입, 매출에누리 등)를 차감한 금액이다.

한편 영업외수익에 대해 일반기업회계기준에서는 다음과 같이 정의하고 있다.

"영업외수익은 기업의 주된 영업활동이 아닌, 활동으로부터 발생한 수익과 차익으로서 중단사업손익에 해당하지 않는 것으로 한다."

즉, 영업외수익은 '영업외'라는 단어에서 말하고 있듯이 주된 영업활동이 아닌 활동에서 발생한 수익(revenue)과 차익(gain)이다. 영업외수익의 예를 들면 금융기관에 예치한 예적금에서 발생한 이자수익, 배당금수익, 외환차익, 외화환산이익, 유형자산 매각에서 발생한 처분이익, 국고보조금 수입, 투자자산처분이익 등이 있다.

비용의 구분

손익계산서에서는 다음과 같은 4가지 종류의 비용을 소개하고 있다.

비용 구분	비용에 대한 설명(일반기업회계기준)
매출원가	매출원가는 제품, 상품 등의 매출액에 대응되는 원가로서 판매된 제품이나 상품 등에 대한 제조원가 또는 매입원가다.
판매비와 관리비	판매비와 관리비는 제품, 상품, 용역 등의 판매활동과 기업의 관리활동에서 발생하는 비용으로서 매출원가에 속하지 아니하는 모든 영업비용을 포함한다.
영업외비용	영업외비용은 기업의 주된 영업활동이 아닌 활동으로부터 발생한 비용과 차손으로서 중단사업손익에 해당하지 않는 것으로 한다.
법인세비용	법인세부담액에 이연법인세 변동액을 가감해서 산출된 금액을 말한다.

왜 비용을 분류하고 있는가?

손익계산서에서 왜 비용을 4가지로 분류하고 있을까? 실제 온갖 비용을 분류하는 것은 귀찮은 업무임에도 불구하고, 비용을 분류하는 효익은 어디에 있는가? 그것은 손익계산서를 이용하고자 하는 이해관계자들에게 유용한 정보를 주기 위함이다. 수익을 매출과 영업외수익으로 구분하고 있으므로 비용을 매출원가, 판매비와 관리비(판관비), 영업외비용으로 구분하면 수익과 비용을 대응해 수익 대비 비용의 비율을 구할 수 있다. 매출과 매출원가의 비율을 매출원가율이라고 하는데, 매년 매출원가율의 추이를 보면 매출 과정에서의 효율성을 파악할 수 있다.

또한 영업손익은 영업외적인 요소들을 배제하고 영업활동에서 거둔 이익(손실)을 뜻하는데, 이는 다음과 같이 구하고 있다.

영업이익(또는 손실) = (매출 – 매출원가) – 판매비와 관리비

= 매출총손익 – 판매비와 관리비

= 매출 – (매출원가 + 판매비와 관리비) = 매출 – 영업비용

즉, 비용을 영업과 관련된 비용(영업비용)과 영업과 무관한 비용(영업외비용)으로 구분한다면, 매출원가와 판관비는 영업비용에 속한다. 매출에 직접 관련되는 매출원가는 아니지만, 영업과 관련된 비용을 판관비로 분류해 영업손익을 산출하는 것이다.

그리고 영업과 무관한 비용이나 손실은 영업외비용으로 별도 제시함으로써 이해관계자들에게 더욱 유용한 재무정보를 제공하고 있다. 매출 대비 영업이익의 비율을 매출액영업이익률이라 하는데, 매년 이 비율의

추이를 관찰해서 영업이익 창출능력의 변화를 파악하거나, 산업평균 영업이익률 정보와 비교해서 특정 회사의 영업이익 창출능력의 수준을 가늠해볼 수 있다.

영업비용 vs 영업외비용

매출원가 그리고 판매비와 관리비

손익계산서는 2가지 영업 관련 비용을 제시하고 있는데, 바로 매출원가와 판관비다. 매출원가는 매출에 직접 대응되는 원가를 말한다. 이마트와 같은 상품유통회사의 경우에는 매출원가는 주로 상품 구매비용이 될 것이며, 현대자동차와 같이 제품을 제조해서 판매하는 회사라면 매출원가는 제품제조를 위한 원재료비, 인건비 및 제반 경비가 될 것이다. 판관비는 매출원가를 제외하고 판매활동과 관리활동에 관련된 제반 비용을 말한다. 이렇게 비용을 회사의 기능별로 구분해서 제시하는 것을 비용의 '기능별' 분류라고 한다. 즉, 매출원가는 매출 기능과 관련된 원가를, 판관비는 판매 기능 및 관리 기능과 관련된 비용을 집계한 것이다.

비용의 기능별 분류에 대해 간단한 사례를 보며 이해해보자. ㈜한국에 다음과 같이 총 100명의 임직원이 재직하고 있다고 가정해보자.

조직 구분	인원수 (명)	인건비 (억 원)	조직의 기능	비용 분류
대표이사 및 임원	5	15	경영의사결정 등 총괄관리	관리비
생산 공장	65	55	제조 및 매출	매출원가
영업부서	10	15	판매촉진	판매비
본사 경영지원부	20	20	인사, 총무, 회계 등 경영지원	관리비
계	100	105		

㈜한국의 연간 총인건비는 105억 원이지만, 105억 원의 인건비는 매출원가에 55억 원, 판매비에 15억 원, 관리비에 35억 원으로 분류된다. 동일한 인건비이지만 그 기능에 따라 3가지로 분류되는 것이다. 이렇게 동일한 성격의 비용을 기능별로 분류해서 손익계산서에 표시하는 것을 비용의 기능별 분류라고 하며, 모든 비용을 총액으로 묶어 보여주는 방법보다 이해관계자에게 더 유용한 정보를 제공할 수 있다.

영업외비용

영업외비용의 예로 외환차손, 외화환산손실, 이자비용, 기타의대손상각비, 기부금, 투자자산처분손실, 유형자산처분손실, 자산손상차손, 소송비용 등이 있다. 몇 가지 영업외비용 항목에 대해 공부해보도록 하자.

이자비용을 영업외적인 비용으로 구분한 이유는 무엇일까? 영업활동을 위해 운영자금을 은행에서 차입하고, 그 차입금에 대한 이자비용이 발생했으므로 이자비용도 영업 관련한 비용으로 생각할 수 있지 않을까? 자금대출을 하고 이자수익을 주된 영업수익으로 하는 금융기관에서는 차입금 이자비용이 영업비용으로 분류되지만, 유통회사나 제조회사 등 일반적인 비금융업 기업에서는 이자비용은 자금조달활동, 즉 재무활동과 관련한 비용에 해당하므로 영업외비용으로 구분한다.

기타의대손상각비는 주된 영업활동과 무관한 채권(예 : 특수관계자에 대한 대여금 등)의 회수가능성이 희박하다고 추정되는 금액을 지칭하므로 영업외적인 비용에 속한다. 만약 영업과 관련한 채권(예 : 매출채권 등)의 회수가능성이 희박하다고 추정되어 인식된 대손상각비라면, 이는 영업과 관련한 비용인 판관비에 포함된다.

투자자산처분손실과 유형자산처분손실은 투자자산과 유형자산을 처분(매각)하는 경우 자산의 장부가액보다 낮은 처분대금을 받게 될 때 인식하는 손실이다. 이들 역시 본래의 영업활동과 무관한 손실이므로 영업외비용에 속한다.

생소하게 들리는 손상차손(impairment loss)은 어떤 비용일까? 자산이란 미래 경제적 효익을 창출할 것으로 예상되기 때문에 자산으로 인식한다. 그러나 자산이 물리적 손상 등 사유로 미래 경제적 효익 창출 능력이 현저히 저하될 경우가 있는데, 이때 손상차손이라는 손실을 인식하게 된다.

예를 들면 회사는 A기계를 보유하고 있었는데 공장에서 화재가 발생해서 A기계가 물리적 손상을 입었고, 이로 인해 A기계는 잔여 내용연수 동안 수익창출 기여능력이 현저히 저하됐다고 판단된다면, 이 기계는 손상차손이 발생한 것이다. 손상차손은 영업과 무관하게 발생한 손실이므로 이는 영업외비용으로 분류한다.

매출이냐 이익이냐?
뭣이 중헌디?

"대표님, 드디어 작년도 가결산이 마무리됐습니다!"

회계팀장이 샘 킴 대표에게 보고하며 재무상태표와 손익계산서를 제출한다.
모처럼 작년도에는 매출이 증가했고, 어느 정도 이익도 난 듯해서 샘 킴 대표
는 손익계산서를 먼저 살펴본다. 손익계산서를 대충 살펴본 샘 킴 대표의 얼
굴에는 모처럼 미소가 피어났다. "매출액도 많이 증가했고, 당기순이익도 크
게 발생했군. 하하하 팀장님, 수고했어요. 그나저나 간만에 순이익도 났는데
이번 주주총회에서는 그동안 우리 회사를 믿고 기다려 준 주주분들에게 배당
금 좀 지급하면 어떨까요?"

그런데 회계팀장은 샘 킴 대표의 눈치를 살피며, 조심스럽게 반대의견을 내놓
는다.

"대표님 말씀대로 자년도 우리 회사 외형도 커지고, 손익은 개선된 것이 확실합니다. 그러나 내면을 한번 들여다보면 배당금을 지급할 정도라고 보이지 않네요. 매출액은 크게 증가했으나 그만큼 영업이익도 증가한 것은 아닙니다. 영업이익 규모는 전기 대비 증가하긴 했지만, 매출원가와 판관비도 함께 증가해서 영업이익률은 오히려 감소했습니다. 게다가 당기순이익도 기대 이상으로 발생한 것이 맞지만, 그 이유가 영업외수익이 발생했기 때문이죠."

곰곰이 회계팀장의 설명을 들어 보니 샘 킴 대표는 작년도에 회사가 정부보조금도 많이 수령했고, 토지를 처분해서 거액의 처분이익이 발생했다는 사실이 생각났다. 당기순이익이 증가한 것은 보조금수익과 토지처분이익과 같은 거액의 영업외수익이 발생했기 때문이었던 것이다.

'회계팀장 주장도 일리가 없는 건 아닌데⋯ 그래도 순이익이 크게 발생했으니 배당금을 지급해도 괜찮은 것 아닌가? 모처럼 순이익도 좋은데 배당을 지급하지 않으면 주주들이 불만을 가질 텐데⋯ 그렇다고 영업외적 수익으로 순이익이 커진 것인데, 이런 일시적 수익에 기초해서 배당을 지급해도 괜찮을까?' 샘 킴 대표는 다시 한번 고민에 휩싸이게 됐다.

손익계산서는 한 기업이 일정기간 동안 사업을 수행한 결과인 경영성과를 보여준다. 즉, 손익계산서는 한마디로 한 학년 동안의 성적표와 비슷한 것이다. 앞서서 우리는 손익계산서를 전체적으로 살펴봤는데, 이제

손익계산서가 말하는 경영성과를 한 꺼풀 더 벗겨서 그 속내를 살펴보기로 하자.

손익계산서의 출발점은 매출액이다. 결국 매출이 살아나야 회사가 생존하고 발전할 것 아닌가? 그런데 손익계산서를 볼 때 매출이 성장했다고 해서 결코 안심해서는 안 된다. 그 이유는 매출과 함께 이익도 살펴봐야 하기 때문이다. 다음은 유통 대기업 ㈜이마트가 최근 공시한 재무정보다.

㈜이마트 [단위 : 억 원]

과목	산식	2022년	2021년	2020년
매출액	A	154,868	150,538	142,134
매출원가	B	113,569	111,145	104,644
매출총이익	C＝A－B	41,299	39,393	37,490
매출총이익률	D＝C／A	26.7%	26.2%	26.4%
판매비와 관리비	E	38,711	36,734	34,544
영업이익	F＝C－E	2,589	2,659	2,950
영업이익률	G＝F／A	1.7%	1.8%	2.1%
당기순이익	H	10,507	7,747	5,607
당기순이익률	I＝H／A	6.8%	5.1%	3.9%

출처 : 금융감독원 전자공시시스템

이마트는 연간 매출액이 15조 원대로 초대형 유통기업이다. 2020년부터 2022년까지 매출은 지속 증가 추세를 보이며, 2021년과 2022년에 전년 대비 매출 증가액은 각각 8,404억 원, 4,330억 원이었다. 실로 엄청난 매출 증가액이다. 그렇다면 이마트 주가는 매출이 매년 증가하므로 지속 상승하고 있을까? 이마트의 2021년 1월 4일(최초 거래일) 종가는 151,500 원이었으나 2022년 최종 종가는 98,000원으로 지속 하락했다. 그 이유 는 다양할 것이나, 손익계산서만 살펴본다면 최근 3개년(2020~2022) 주가 하락의 원인은 아마도 영업이익의 감소세일 것 같다. 매출이 지속 증가하 고 있음에도 불구하고, 영업이익(F)은 소폭 하락세이며 매출액 대비 영업 이익률(G)도 2.1%에서 1.7%로 지속 하락세를 보인다. 결국 시장은 매출보 다 이익 추세를 더 중하게 보고 있었다.

이익(또는 손실)을 구분하기

손익계산서를 보면 이익(또는 손실)이 5가지 등장한다. 그것은 매출총손 익, 영업손익, 법인세비용차감전순손익, 당기순손익, 총포괄손익이다. 왜 이렇게 5가지로 구분하고 있을까? 먼저 손익계산서의 구조를 요약하면 다음과 같다.

과목	당기	전기
매출액	XXX	XXX
매출원가	XXX	XXX
매출총이익(또는 손실)	XXX	XXX
판매비와 관리비	XXX	XXX
영업이익(또는 손실)	XX	XX
영업외수익	XXX	XXX
영업외비용	XXX	XXX
법인세비용차감전순이익(또는 손실)	XX	XX
법인세비용	XX	XX
당기순이익(또는 손실)	XX	XX

과목	당기	전기
기타포괄이익(또는 손실)*	XX	XX
총포괄이익(또는 손실)*	XX	XX

* 일반기업회계기준에서는 기타포괄손익과 총포괄손익은 주석에 공시하도록 하고 있으나, 한국채택국제회계기준에서는 손익계산서에 기타포괄손익과 총포괄손익을 표시하도록 하고 있다.

이렇게 손익을 5가지로 구분한 이유는 각 손익들이 말하고 있는 것이 모두 다르기 때문이다.

영업이익(또는 손실)의
중요성

　손익계산서를 보면 매출액에서 매출원가와 판관비를 차감하면 영업이익(또는 손실)이 나오는 형식으로 되어 있다. 즉, 매출원가와 판관비는 영업과 유관한 비용이므로 이들까지 차감해야만 영업손익이 산출되는 것이다. 영업손익은 회사가 매년 경상적으로 수행하고 있는 주된 사업에서 도출된 손익이므로 그 의미가 중요하다. 어떤 회사가 지속적으로 영업이익을 시현하고 있다면 그 회사는 향후에도 본원적이고, 주된 사업을 영위해 안정적인 영업이익을 보여줄 확률이 높으나, 만약 지속적으로 영업손실을 보여주고 있다면, 그 회사는 주된 사업을 영위하더라도 이익을 보여줄 가능성이 낮다고 할 수 있다. 만약 계속 영업손실을 시현하고 있다면 그 회사의 사업은 혁신이 필요할 것이다.

　영업손익에다가 영업외적인 요소들, 즉 영업외수익과 영업외비용 그리고 법인세비용까지 가감하면 당기순손익이 나온다. 다음 사례를 통해 영업손익과 당기순손익을 잘 이해해보자.

[단위 : 억 원]

과목	A사	B사
매출액	1,000	1,000
영업이익	**200**	**50**
영업외수익	10	200
영업외비용	90	50
법인세비용차감전순이익	120	200
법인세비용*	12	20
당기순이익	**108**	**180**

* 계산의 편의를 위해 법인세비용차감전순이익의 10%라고 가정함

위 표는 동종업계 경쟁사이고, 규모도 유사한 A사와 B사의 최근 경영성과를 비교한 예시다. A사와 B사 모두 매출액은 1,000억 원으로 동일하나 영업이익과 당기순이익은 다르다. 당기순이익만 보면 B사 180억 원, A사는 108억 원으로, B사의 경영성과가 우량한 것으로 보인다. 그러나 영업이익을 보면 반대로 A사가 더 우수하다. 그대가 투자자라면 A사와 B사 중 어느 기업에 투자하고 싶은가?

영업이익과 당기순이익을 제외하고 두 회사의 다른 상황이 동일하다고 가정하면, A사에 더 마음이 끌리는 것이 합리적인 의사결정이다. 왜냐하면 B사의 경우 사업의 핵심적인 경쟁력보다 영업외적인 요소(영업외수익)에 의해 당기순이익이 크게 나타났기 때문이다. 영업외적인 수익이나 비

용은 일시적으로 발생한 것이므로, 주된 사업의 성과인 영업이익에 더 무게를 두고 투자 의사결정을 하는 것이 합리적이다. 그래서 회계를 좀 아는 사람이라면 당기순이익에도 관심을 가져야 하지만, 영업이익의 동향에 더 집중하려 할 것이다.

당기순손익보다 밑에 있는 기타포괄손익

앞에서 삼깐 공부한 적이 있는 기타포괄손익은 왜 당기순손익 다음에 등장하고 있을까? 당기순손익에 기타포괄손익을 가감하면 총포괄손익이다. 그래서 총포괄손익은 손익계산서에서 제일 나중에 등장하는 손익이다. 앞서 공부한 것과 같이 기타포괄손익은 광의의 이익 개념으로서 주로 아직은 실현되지 않은 평가손익의 성격을 지닌다. 대표적인 예로 매도가능증권의 공정가치 변동에서 발생하는 매도가능증권평가손익[*]이나, 유무형자산의 공정가치를 재평가함으로써 발생하는 재평가이익[**]이 있다.

이러한 기타포괄손익은 당기순손익을 계산할 때 전혀 영향을 미치지 못하는데, 그 이유는 당기순손익 다음에 등장하는 손익이기 때문이다.

---

[*] 만약 어떤 회사가 상장 주식을 기중 취득해 기말까지 보유했는데 취득원가보다 기말 시점의 시가가 상승(하락)했다면, 회사는 주가 상승(하락)으로 미실현 평가이익(손실)을 장부에 인식할 것이다. 이러한 평가손익이 대표적인 매도가능증권평가손익이다.

[**] 대표적인 사례가 토지평가이익이다. 요지에 있는 토지를 취득하면 몇 년 후 그 토지의 공정가치는 분명 상승할 것이므로 이때 토지 재평가를 실시할 경우 재평가차익이 발생한다. 이러한 재평가차익을 회계장부에 인식할 경우 손익계산서에는 기타포괄이익의 한 항목으로 반영된다.

기타포괄손익은 아직 실현되지 못한 손익이고, 미래에 평가이익이 평가손실 또는 평가손실이 평가이익으로 변동될 수 있는 성질의 손익이므로 당기순손익 계산 시 배제한다. 즉, 회계적으로 볼 때 기타포괄손익과 같은 미실현평가손익은 '당기'에 속하는 '손익'으로 간주하기 힘들다는 것이다.

당기순이익이 매년 누적된 것이 자본란에 있는 이익잉여금이고, 이익잉여금을 재원으로 주주에게 지급하는 것이 바로 배당금이다. 만약 실현되지도 않은 평가이익 성격의 기타포괄이익을 당기순이익 계산 시 포함한다면, 미실현평가이익이 이익잉여금으로 대체된 후 그 이익잉여금을 재원으로 배당금이 지급될 수 있게 되는데, 이렇게 미실현이익에 기초해서 배당금을 지급하는 것은 기업의 재무적 안정성에 결코 바람직하지 않다. 그러한 사유로 기타포괄손익은 당기순손익 계산 시 배제되고, 총포괄손익 계산 시에만 고려되는 것이다. 그러므로 기타포괄손익은 재무제표 이용자들에게 참고가 되는 재무정보임에는 틀림없으나, 영업손익이나 당기순손익보다는 스포트라이트를 받지 못하고 있다. 오죽하면 계정 명칭에 '기타'라는 형용사가 붙었을까….

이제 앞선 정보들을 가지고 우리 회사의 최근 손익계산서에 등장하는 여러 가지 손익의 최근 현황을 분석하고, 그 손익의 성격이 어떠한지 스스로 판단해보자. 맛있는 수박의 겉은 녹색이나, 속은 빨간색이다. 우리 회사 이익의 속살은 과연 어떤 색깔일까?

우리 회사 건강진단 (1) – 성장성과 수익성 분석

그동안 우리는 재무제표에 관해 공부했다. 이제 재무제표 정보를 이용해서 한 기업의 건강진단을 해보고, 종합적으로 판단하는 법을 배워 보자. 우리가 종종 건강진단을 받고 건강상 이상 유무를 체크해보듯이, 한 기업도 재무상황을 진단해보고 기업 경영에 이상이 없는지를 확인해볼 수 없을까? 기업에 대한 진단 방법에도 여러 가지가 있겠으나, 여기서는 재무제표를 활용한 분석 방법에 관해 알아보고자 한다. 재무제표를 활용한 분석법은 추세비율법이나 비율분석법 등 다양하나, 여기서는 추세비율법 중 성장성 분석법과 비율분석법 등의 다양한 분석법을 간략히 알아보자.

효과적인 실습을 위해 금융감독원 전자공시시스템(https://dart.fss.or.kr)에 공시되어 있는 ㈜컬리의 재무상태표와 포괄손익계산서를 다음과 같이 요약했다.

A. 포괄손익계산서

제9기(당기) 2022. 1. 1~2022. 12. 31
제8기(전기) 2021. 1. 1~2021. 12. 31

(주)컬리 [단위 : 백만 원]

과목	당기	전기
매출액	2,033,595	1,557,955
매출원가	1,476,034	1,157,697
매출총이익(또는 손실)	557,561	400,258
판매비와 관리비	786,465	614,110
영업이익(또는 손실)	(228,905)	(213,852)
금융수익	7,877	2,310
금융비용	20,515	1,063,290
기타영업외수익	1,107	477
기타영업외비용	450	2,274
법인세비용차감전순이익(또는 손실)	(240,886)	(1,276,630)
법인세비용	0	0
당기순이익(또는 손실)	(240,886)	(1,276,630)
기타포괄손익	73	(4,969)
총포괄손익	(240,812)	(1,281,598)

B. 재무상태표

제9기(당기) 2022.1.1~2022.12.31
제8기(전기) 2021.1.1~2021.12.31

(주)컬리

[단위 : 백만 원]

과목	당기말	전기말
[자 산]		
1. 유동자산		
재고자산	61,153	58,991
재고자산 이외	225,216	213,250
유동자산 소계	286,369	272,240
2. 비유동자산	443,445	392,648
자산총계	729,814	664,888
[부 채]		
1. 유동부채	259,420	272,618
2. 비유동부채	283,372	276,058
부채총계	542,792	548,676
자본총계	187,022	116,211
부채와 자본총계	729,814	664,888

성장성 분석 – 얼마나 자랐을까?

어릴 적 엄마들은 자녀의 키를 재보고 얼마나 컸는지 알아보셨다. 마찬가지로 기업들도 얼마나 자랐는지를 측정해보자. ㈜컬리의 재무제표를 기초로 해서 매출, 총자산 및 자기자본 3가지 측면에서 ㈜컬리의 성장성을 분석해보자.

성장성 분석	산식	분석 결과
매출액 성장률	[(당기 매출액/전기 매출액) − 1] x 100	30.5%
총자산 성장률	[(당기말 총자산/전기말 총자산) − 1] x 100	9.8%
자기자본 증가율	[(당기말 자기자본/전기말 자기자본) − 1] x 100	60.9%

첫째, 매출액은 전기 대비 30.5% 증가했으나 총자산은 9.8% 증가에 그쳤다. 매출이 크게 증가했음에도 불구하고, 회사는 당기순손실 2,401억 원으로 인한 결손금이 발생해서 총자산 증가세가 기대에 미치지 못했다.

둘째, 자기자본증가율은 매출액성장율보다 큰 60.9%를 보이는데, 이는 (함께 공시되어 있는 자본변동표나 주석내용을 참고해보면) 당기 중 유상증자 등과 같은 주주와의 거래로 인해 3,116억 원의 자본이 유입됐기 때문이다.

종합하자면 ㈜컬리는 매출이 크게 성장했으나 거액의 당기순손실이 발생하는 바람에 총자산이 크게 증가하지 못했으며, 다만 유상증자 등에 힘입어 자기자본이 증가했다는 것을 유추해볼 수 있다.

수익률 분석 – 이윤이 남기는 하는가?

수익성(profitability)은 기업이 이익을 창출할 수 있는 능력을 나타내는 지표다. 대표적인 수익성 지표로는 다음과 같은 것이 있으며, ㈜컬리의 수익성 분석 결과는 다음과 같다.

수익성 분석 지표	산식	분석 결과
총자산 순이익률	(당기순이익/평균총자산) x 100	(34.5%)
자기자본 순이익률	(당기순이익/평균자기자본) x 100	(158.9%)
매출액 순이익률	(당기순이익/매출액) x 100	(11.8%)
매출액 영업이익률	(영업이익/매출액) x 100	(11.3%)
주당순이익	(당기순이익-우선주배당금) / 가중평균유통보통주식수	N/A

위 산식에서 평균총자산[*]은 기초와 기말 총자산의 단순평균치를 대입했으며, 평균자기자본도 기초와 기말의 단순평균치를 대입했다. 주당순이익(earnings per share, EPS)은 보통주를 소유하는 보통주주 입장에서 수익성을 평가하기 위한 수익성 지표로서, 보통주 1주당 당기순이익을 의미한다. 만약 우선주 배당이 있을 경우 이를 당기순이익에서 차감해야 한다. ㈜컬리의 경우 아직 당기순손실이 지속되고 있어서 배당을 실시하지 않고 있으므로 주당순이익 계산을 실시하지 않았다.

2022년도 ㈜컬리는 영업손실과 당기순손실이라는 성적을 보였으므로, 여러 가지 수익성 분석 결과값이 음수로 도출되어 수익성 분석의 의미는 없다. ㈜컬리가 손실에서 이익으로 전환할 경우에는 수익성 분석이 의미를 가질 것이다.

[*] 왜 기말시점 총자산 대신 평균총자산을 사용할까? 분자인 당기순이익이 1월 1일부터 12월 31일까지 발생한 순이익 개념이므로, 총자산 역시 1월 1일부터 12월 31일까지 총자산의 평균, 즉 연평균 총자산 개념의 분모여야만 논리적이기 때문이다. 만약 매월 말 총자산 금액을 확보할 수 있다면, 매월 말 총자산의 합을 12로 나눈 연평균총자산 금액을 구할 수 있는데, 이것이 기초와 기말 총자산의 단순평균치보다 더 유의미할 것이다.

우리 회사 건강진단 (2) – 안정성과 활동성 분석

단기적인 지급능력을 평가하는 유동성비율

유동성비율(liquidity ratio)은 한 기업의 단기적인 지급능력을 분석하기 위한 비율이다. 이는 회사가 보유하는 자산을 얼마나 쉽게 현금으로 전환할 수 있는지를 알려주는 지표다. 대표적인 유동성비율에는 유동비율과 당좌비율이 있으며, ㈜컬리의 유동성비율 분석 결과는 다음과 같다.

유동성비율	산식	분석 결과
유동비율	(유동자산/유동부채) x 100	110.4%
당좌비율	(재고자산 이외 유동자산/유동부채) x 100	86.8%

유동비율은 유동부채 대비 유동자산 비율로 이 비율이 높으면 높을수록 그 기업의 단기지급능력이 우량함을 의미한다. 유동자산이 유동부채

보다는 많아야 단기지급능력이 양호할 것으로 판단하고, 유동비율은 최소한 100%를 넘어야 적정하다고 알려져 있다.

유동자산 중에는 재고자산이 포함되어 있는데 재고자산은 다른 유동자산과 달리 판매과정을 통해 현금으로 회수되므로 그 유동성이 타 유동자산보다 낮다. 그래서 재고자산만 제외한 나머지 유동자산과 유동부채를 비교한 당좌비율(quick ratio)도 기업의 유동성비율을 잘 표현하는 지표로서 유동비율보다 더 엄격한 지표다.

㈜컬리의 유동비율은 110.4%이므로 유동자산이 유동부채보다 많음을 의미하나, 겨우 100%를 조금 상회하고 있어서 아주 안정적이라고 할 수는 없다. 당좌비율의 경우 100%를 상회하지 못하기 때문에 초단기적인 지급능력은 우수하다고 평가할 수 없다. 한편 ㈜컬리의 현금흐름표에서 재무활동으로 인한 현금유입액을 살펴보면, 유상증자와 우선주 발행 등으로 양년도 모두 2,500억 원 정도를 조달했음에도 불구하고, 지속적인 거액의 당기순손실이 발생해서 ㈜컬리의 유동성비율은 그리 안정적이지 못한 것으로 판단된다.

장기적인 지급능력을 평가하는 안정성비율

유동성비율이 단기적 지급능력을 평가하는 것이라면, 안정성비율(stability ratio)은 장기적 지급능력을 평가하는 지표다. 대표적인 안정성비율로는 부채비율(debt to equity ratio)과 이자보상비율(interest coverage ratio)이 있는데, 이 비율은 기업이 장기적으로 부채의 이자와 원금을 상환할 수 있는지를 평가한다. 다음은 안정성비율의 산식과 ㈜컬리의 분석 결과다.

안정성비율	산식	분석 결과
부채비율	[부채/자기자본] x 100	290.2%
이자보상비율	영업이익* /이자비용	영업손실

* 이자비용 및 법인세비용을 차감하기 전 이익

부채비율은 부채와 자기자본의 비율로 이 비율이 높으면 높을수록 만기에 기업의 부채 상환 부담이 증가한다. 기업마다 상이하겠지만 통상적으로 부채비율이 200~300%보다 높으면 위험하다고 평가하므로, ㈜컬리의 부채비율 290%는 결코 안정적이라고 할 수 없을 것이다.

이자보상비율은 영업이익과 이자비용으로 산출하는데, 이 산식이 의미하는 것은 영업이익이 이자비용의 몇 배인지를 측정하는 것이다. 만약 이 지표가 1보다 작다면(즉, 영업이익〈이자비용) 그 기업은 영업이익으로 이자비용을 지급할 능력이 부족함을 의미한다. ㈜컬리의 경우 영업손실이 났으므로 이자보상비율 분석의 의미가 없다. 일단 영업이익을 시현하고, 최소한 이자보상비율이 1.0을 초과할 때 영업이익으로 이자비용을 지급할 능력이 있다고 할 수 있다.

자산 사용의 효율성을 평가하는 활동성비율

활동성비율(activity ratio 또는 turnover ratio)은 기업이 소유한 자산을 얼마나 효율적으로 활용(또는 관리)하는지를 평가하는 지표다. 활동성비율 지표와 산식, 그리고 ㈜컬리의 활동성비율 분석 결과는 다음과 같다.

활동성비율	산식	분석 결과
총자산회전율	매출액/평균총자산*	2.9회
매출채권회전율	매출액/평균매출채권*	4,225.7회
매출채권 평균회수기간	365일/매출채권회전율	0.1일
재고자산회전율	매출원가/평균재고자산*	24.6회
재고자산 평균회전기간	365일/재고자산회전율	14.9일

* 기초와 기말의 단순평균치를 활용함

총자산회전율은 기업이 매출을 일으키는 데 총자산을 얼마나 효율적으로 사용했는지 보여준다. 그러므로 총자산회전율이 높으면 높을수록 기업의 자산은 효율적으로 활용됨을 의미한다.

매출채권회전율은 매출액과 평균매출채권의 비율로서 한 회계연도 동안 매출채권을 평균적으로 몇 번 회수했는지, 즉 매출채권이 현금화되는 속도를 측정한다. 매출채권회전율이 높을수록 매출채권이 빠르게 현금으로 회수됨을 의미하며, 회전율이 낮을수록 매출채권의 부실화 가능성은 높아진다. 365일을 매출채권회전율로 나누면 매출채권이 회수되는 평균회수기간(average collection period)을 의미한다. 그러므로 매출채권 평균회수기간은 짧으면 짧을수록 유리할 것이다.

㈜컬리의 매출채권회전율은 4,225.7회로 타 산업에 비해 매우 높으나, 이는 회사가 속한 산업의 특성에 기인한 것이므로 매우 우수하다고 단정

짓기 어렵다. 매출채권회전율은 산업마다 천차만별일 것이므로 유사업종별로 매출채권회전율을 비교하는 것이 합리적이다. 그러므로 기업이 속한 동종산업의 평균치와 비교하거나, 한 기업의 매출채권회전율에 대한 기간별 변동 추이를 관찰함으로써 매출채권회전율과 평균회수기간에 대한 유용한 분석 결과와 시사점을 얻을 수 있을 것이다.

재고자산회전율은 매출원가를 평균재고자산으로 나눈 값으로 구하며, 기업이 한 회계연도 동안 재고자산을 평균 몇 번 판매하고 있는지를 나타낸다. 이는 재고자산이 현금화되는 속도를 나타낸다고도 할 수 있다. 이 회전율이 높으면 높을수록 낮은 수준의 재고자산으로 높은 매출을 달성함을 의미하기 때문에 이는 재고자산 관리가 효율적임을 나타낸다. 반대로 재고자산회전율이 낮으면 낮을수록 재고자산이 과다하다는 것을 시사하며, 이는 재고자산의 진부화 가능성이나 판매부진 가능성을 의미할 것이다. 재고자산 평균회전기간은 365일을 재고자산회전율로 나눈 값으로, 회전기간이 짧으면 짧을수록 바람직하다.

㈜컬리의 재고자산회전율은 24.6회로서 타 산업에 비해 높아 보이지만, 이는 회사가 속한 산업의 특성에 기인한 것이므로 재고자산회전율이 우수하다고 단정하기 힘들다. 매출채권회전율과 마찬가지로 재고자산회전율 역시 산업마다 상이할 것이므로 유사업종별로 재고자산회전율을 비교하는 것이 더욱 합리적일 것이다. 그러므로 기업이 속한 동종산업의 평균치와 비교하거나, 한 기업의 재고자산회전율에 대한 기간별 변동 추이를 관찰한다면, 재고자산회전율과 평균회전기간에 대한 쓸모 있는 분

석 결과와 시사점을 얻을 수 있을 것이다.

참고로 ㈜컬리와 유사한 업종에 속한 ㈜이마트와 ㈜오아시스의 분석 결과는 다음과 같다.

활동성비율	㈜컬리	㈜이마트	㈜오아시스
총자산회전율	2.9회	0.8회	2.4회
매출채권회전율	4,225.7회	42.5회	48.2회
매출채권 평균회수기간	0.1일	8.6일	7.6일
재고자산회전율	24.6회	10.5회	37.9회
재고자산 평균회전기간	14.9일	34.7일	9.6일

㈜컬리의 총자산회전율은 ㈜이마트보다 크게 높고, ㈜오아시스와는 큰 차이가 보이지 않는다. ㈜이마트는 ㈜컬리보다 다양한 상품을 취급하고 있고, 자산도 더 크므로 ㈜오아시스와의 비교가 더 유의미하지 않을까 싶다. ㈜컬리 총자산 규모는 ㈜오아시스보다 3~4배 크지만, 매출의 성격이 유사하기 때문이다.

매출채권회전율의 경우 ㈜컬리가 월등하게 높다. 유사업종의 회전율보다 큰 차이를 보이는 구체적 사유는 공시된 재무제표에 나타나지 않으나, 이는 ㈜컬리가 가지는 장점 중 하나다. 재고자산회전율은 ㈜오아시스보다 저조하나 ㈜이마트보다는 우수하다.

이렇게 우리 회사와 유사한 업종을 영위하는 경쟁사와의 비교를 다년간 지속해서 그 추이를 분석하면 우리 회사의 장점과 단점을 파악할 수 있고, 개선할 부분에 대한 시사점도 얻을 수 있을 것이다.

지피지기(知彼知己)면 백전불태(百戰不殆)[*]라

《손자병법》은 적을 알고 나를 알면 백 번 싸워도 위태롭지 않게 된다고 말했다. 비즈니스 세계에서 적은 동종산업의 경쟁업체라고 할 수 있고, 넓게 해석하자면 현재는 경쟁자가 아니지만 기술이 발전하면 등장하게 될 잠재적인 경쟁자도 우리 기업의 적이 될 것이다. 우리 기업 그리고 경쟁업체들의 재무제표를 토대로 다양한 분석을 실시해서 시사점을 얻는다면, 백전백승(百戰百勝)까지는 아니더라도, 적어도 우리 사업이 위태롭게 되지는 않을 것이다.

중국의 춘추전국시대보다 더욱 치열하게 경쟁하는 지금, 매년 재무제표 분석을 실시해서 우리 기업과 경쟁기업체들의 활동성, 유동성, 안정성, 수익성 등을 지속적으로 비교 분석한다면, 앞으로 사업을 어떻게 전개해야 하는지에 대한 인사이트(insight)를 얻을 수 있을 것이다.

---

[*] "그러므로 적을 알고 나를 알면 백 번 싸워도 위태롭지 않을 것이다. 적을 모르고 나를 알기만 하면 질 확률은 절반이 되며, 적도 모르고 나 자신도 모른다면 싸울 때마다 반드시 위험에 빠지게 된다."(《손자병법》 모공(謀攻) 편)

현금흐름의 3가지 컬러
– 영업, 투자, 재무

[사례 1]

샘 킴 대표는 최근 뉴스 기사를 통해 기존에 호감을 가지고 있던 기업 마켓컬리가 재정적 어려움을 겪고 있음을 알았다. 뉴스 기사를 보면 마켓컬리는 매출 증가세가 둔화됐고, 비용 절감 등 자구노력 중이라고 했다. 이에 샘 킴 대표는 전자공시 사이트에서 마켓컬리의 최근 재무상태표를 살펴봤다. "음…현금 및 현금성자산은 전기말 1,436억 원에서 당기말 1,818억 원으로 오히려 382억 원이 늘어났군. 매출액도 전기 1조 5,580억 원에서 당기 2조 336억 원으로 4,756억 원이나 증가했는데?" 뉴스 기사를 보면 회사가 어려워서 난리라는데 재무제표만 보면 현금도 매출도 증가하고 있어서 샘 킴 대표는 이를 어떻게 해석해야 할지 혼란스러웠다.

[사례 2]

2년 전 샘 킴 대표는 자칭 주식의 신이라고 주장하는 친구 A로부터 특정 상장 주식에 대한 투자 권유를 받았다. 친구 A는 전업 주식 투자가로서 친구들 사이에서 나름 명성을 날리고 있었다. 그래서 그 친구가 말하는 주식 종목에 귀를 쫑긋 세우고 들었던 샘 킴 대표는 친구 A가 권유한 주식에 여유자금을 '영끌해서' 투자하게 됐다.

투자 이후 2년여가 지난 지금, 샘 킴 대표는 과거 영끌 투자했던 자신을 자책하고 있다. 그 이유는 샘 킴 대표가 주식을 매입한 그 회사의 재무성과가 만족스럽지 못하다는 것을 알았기 때문이다. 그 회사 매출은 오히려 감소하고 있었고, 영업이익도 감소 추세였던 것이다. 그렇다고 해서 친구 A에게 책임지라고 할 수도 없는 노릇이다. 투자의 최종 책임은 전적으로 자기에게 있기 때문이다. '도대체 그 회사는 왜 재무성과가 안 좋은 것일까? 내가 무엇을 놓친 거지?'

사례 1을 보면 샘 킴 대표가 혼란스러워하는 것도 이상한 것은 아니다. 뉴스 기사에서는 마켓컬리가 재정적인 곤란 상황에 처했다고 나오지만, 실제 최근 현금 보유액은 증가하고 있었다. 이에 대한 심도 있는 분석은 현금흐름표를 보면 알 수 있다. 이미 우리는 현금흐름표가 3가지 활동별 현금흐름을 보여준다고 배웠다. 우선 현금흐름표에서 보여주는 3가지 현금흐름을 이해해보자. 기업의 활동을 간단히 정리하자면, 자금을 조달해(재무활동) 그 자금으로 영업에 사용할 자산을 취득(투자)한 후(투자활동) 자산을 활용해서 매출 등 영업을 수행해(영업활동) 현금을 창출하게 된다.

한 기업의 현금흐름은 3가지 태생으로 구분 가능하다. 첫째, 영업활동 현금흐름이다. 영업활동이란 기업의 주요 수익창출활동, 상품과 용역의 구매와 판매활동 및 관리활동을 포함하며, 투자활동과 재무활동에 속하지 않는 기타의 활동을 말한다. 영업활동으로 인한 현금흐름에는 현금유입과 현금유출이 있는데, 영업활동 현금유입의 대표적 사례는 매출이 발생해 현금이 유입되는 것이다. 영업활동 현금유출은 제품 제조를 위해 원재료를 구매하거나, 종업원 급여를 지급하는 활동 등으로 발생할 것이다.

둘째, 투자활동 현금흐름이다. 투자활동이란 영업활동의 수단인 자산을 취득 또는 처분하는 활동 중에서 장기성 자산 및 현금성 자산에 속하지 않는 기타 투자자산을 취득하거나 처분하는 활동을 말한다. 투자활동으로 인한 현금흐름에도 역시 현금유입과 현금유출이 있는데, 투자활동 현금유입의 대표적인 사례로는 업무에 사용하는 유형자산(기계장치나 노트북, 영업용 차량 등)을 매각하거나, 정기예금이 만기가 되어 현금이 유입되는 것이 있다. 반면 투자활동 현금유출의 대표적 사례를 들자면 업무에 사용할 목적으로 유형자산을 취득하거나, 여유자금을 정기예금 등 금융상품에 투자해서 발생하는 현금유출이 있다.

셋째, 재무활동 현금흐름이다. 재무활동이란 납입자본과 차입금의 크기 및 구성내용에 변동을 가져오는 활동을 말하는데, 자금조달과 상환활동이라고 이해할 수 있겠다. 재무활동으로 인한 현금흐름에도 역시 현금유입과 현금유출이 있을 것인데, 재무활동 현금유입의 사례로는 유상증자로 인한 현금유입이 대표적이다. 또는 은행에서 차입한 경우 발생하는 현금유입이 있다. 반면 재무활동 현금유출로는 차입금 만기 상환이나 주주 배당금 지급으로 인한 현금유출이 대표적인 사례다.

현금흐름표는 기업의 현금흐름을 3가지로 분류해 공시함으로써 투자자를 포함한 모든 이해관계자들이 기업의 최근 현금흐름을 이해하고, 미래의 현금창출능력을 추정할 수 있도록 도움을 주고 있다. 사례에서 예를 들었던 마켓컬리(㈜컬리)의 전자공시 재무정보를 한번 살펴보자.

㈜컬리 [단위 : 억 원]

과목	2022년	2021년	증감액
[손익계산서]			
매출액	20,336	15,580	4,756
영업이익(손실)	(2,289)	(2,139)	(150)
당기순이익(손실)	(2,409)	(12,766)	10,357
[재무상태표]			
현금 및 현금성자산	1,818	1,436	382

(개별 재무제표 기준임) 출처 : 금융감독원 전자공시시스템(이하 동일)

위 표를 보면 매출액은 전기 대비 4,756억 원 증가했으나 영업손실은 150억 원이 감소하고, 당기순손실은 1조 357억 원 감소했다. 그리고 현금은 382억 원이 증가했다. 그러나 이렇게 재무상태표와 손익계산서만 보면 현금이 전기말 대비 382억 원 증가한 사유를 이해하기 힘들다. 이제 ㈜컬리의 현금흐름표를 한번 살펴보자.

㈜컬리   [단위 : 억 원]

과목	산식	2022년	2021년	증감액
1. 영업활동으로 인한 현금흐름		(1,643)	(1,337)	(306)
2. 투자활동으로 인한 현금흐름		(241)	(956)	748
3. 재무활동으로 인한 현금흐름		2,265	2,268	(3)
4. 당기 현금 및 현금성자산의 증감	=1+2+3	381	(26)	407
5. 당기초 현금 및 현금성자산		1,436	1,462	(26)
6. 당기말 현금 및 현금성자산	=4+5	1,818	1,436	382

(전자공시된 현금흐름표를 약식으로 정리한 것임)

먼저 영업활동으로 인한 현금흐름을 보면 양년도 모두 1,000억 원을 초과하는 음수다. 즉 ㈜컬리는 2년 동안 영업활동에서 플러스 현금흐름을 창출하고 있지 않은 상태다. 둘째, 투자활동으로 인한 현금흐름 역시 양년도 모두 음수다. 현금흐름표에서 투자활동 부분을 좀 더 살펴보면 아래와 같이 공시되어 있다.

㈜컬리   [단위 : 억 원]

과목	산식	2022년	2021년	증감액
1. 투자활동으로 인한 현금유입		506	33	473
2. 투자활동으로 인한 현금유출		(747)	(989)	242
3. 투자활동으로 인한 현금흐름	=1+2	(241)	(956)	748

양년도 모두 투자활동으로 인한 현금유출이 현금유입보다 커서 현금흐름은 음수를 보이고 있다. ㈜컬리의 현금흐름표를 보면, 투자활동 현금유출은 주로 종속기업 투자주식의 취득, 유무형자산의 취득, 단기금융상

품의 취득 때문이다. 그러나 투자활동은 미래를 위한 투자에 해당되는 경우가 많아서 투자활동으로 인한 현금유출이 현금유입보다 커서 투자활동 현금흐름이 음수인 것을 반드시 부정적으로 보기는 힘들다.

셋째, 재무활동으로 인한 현금흐름은 양년도 모두 2,200억 원대로 양의 흐름을 보이고 있다. 이에 대한 보다 구체적인 내역은 다음과 같이 공시되어 있다.

㈜컬리 [단위 : 억 원]

과목	산식	2022년	2021년	증감액
1. 재무활동으로 인한 현금유입		2,538	2,474	64
2. 재무활동으로 인한 현금유출		(272)	(206)	(66)
3. 재무활동으로 인한 현금흐름	=1+2	2,265	2,268	(3)

양년도 모두 재무활동으로 인한 현금유입이 현금유출보다 매우 커서 양의 현금흐름을 보이고 있다. 마켓컬리의 현금흐름표에 나온 재무활동의 상세 내역을 살펴보면, 재무활동 현금유입은 주로 2022년도의 경우는 유상증자(2,501억 원)이며 2021년도의 경우는 전환우선주의 발행(2,224억 원) 및 장기차입금(230억 원) 때문이다. 현금유출의 대부분은 양년도 모두 리스료의 지급 때문이었다. 즉, 마켓컬리는 2021년과 2022년 모두 현금을 마련하기 위해 유상증자와 우선주 발행을 단행했고, 이로 인해 재무활동으로 인한 현금흐름은 2,200억 원대의 플러스 현금흐름을 보였다.

종합하자면 ㈜컬리는 영업활동에서 아직 음의 현금흐름을 보이며 투

자활동에서도 여전히 현금유출이 현금유입보다 큰데, 이러한 현금부족
분을 보충하기 위해 재무활동을 통해서 필요 현금을 마련하고 있다고 이
해할 수 있다. ㈜컬리의 매출액은 최근 급신장[*]하고 있으나 아직까지 순
현금흐름이 플러스가 되는 사업구조가 아니다. 이러한 난국을 타개하기
위해 ㈜컬리 경영진들은 고심하고 있을 것이다.

---

* ㈜컬리 매출액(개별 재무제표 기준)은 9,508억 원(2020) ▶ 1조 5,580억 원(2021) ▶ 2조 336억 원
(2022)으로 성장세를 보이고 있다.

머니머니해도
영업머니가 최고!

현금흐름표에서는 3가지 활동을 구분해서 현금흐름을 보여주는데, 이 중 가장 중요한 현금흐름은 어떤 현금흐름일까? 바로 영업활동으로 인한 현금흐름이다. 투자활동이나 재무활동으로 인한 현금흐름보다 영업활동으로 인한 현금흐름이 중요시되는 이유는 영업활동 현금흐름이 기업의 주된 활동에서 발생하기 때문이다. 영업활동으로 인한 현금흐름이 지속적으로 양의 흐름을 보이는 기업은 그렇지 않은 기업보다 안정적인 기업이라고 볼 수 있다. 실제 투자자들도 투자 대상 회사의 영업활동 현금흐름을 눈여겨본다고 한다.

투자활동으로 인한 현금흐름이나 재무활동으로 인한 현금흐름은 기업의 본래 사업이 순조로운 경우에도, 상황에 따라 음의 현금흐름을 보일 수도 있다. 만약 어떤 기업이 신제품 양산을 위해 대규모 공장을 건립한다고 하면, 공장 완공 시까지 투자활동으로 인한 현금유출이 많을 것이므로 현금흐름은 당연히 음의 흐름일 것이지만, 그러한 음의 현금흐름이 그 기업에 대한 부정적인 신호는 아닐 것이다. 또한 만약 어떤 기업이 대규모 유상증자에 성공할 경우 재무활동으로 인한 현금흐름은 당연히 양의 현금흐름을 보일 것이지만, 그러한 양의 현금흐름이 본래의 사업이 호황이라는 것을 의미하지는 않는다.

다음은 제약업계에서 우량기업으로 인정되는 ㈜유한양행의 최근 현금흐름표와 손익계산서를 요약한 것이다. 이 표를 보면 영업활동으로 인한 현금흐름은 지속적으로 양의 흐름을 보이고 있는 반면, 투자활동과 재무활동 현금흐름은 상황에 따라 음의 흐름도 보이고 있다. 유한양행의 투자활동과 재무활동 현금흐름이 음의 흐름을 보였으나 매출, 영업이익 및 당기순이익은 여전히 견고하다.

㈜유한양행 [단위 : 억 원]

과목	2022년	2021년	2020년
현금흐름표			
영업활동으로 인한 현금흐름	1,074	1,060	477
투자활동으로 인한 현금흐름	−349	−1,674	986
재무활동으로 인한 현금흐름	−436	−428	−283
손익계산서			
매출액	17,264	16,241	15,679
영업손익	411	612	1,160
당기순손익	1,303	1,139	1,933

출처 : 금융감독원 전자공시시스템

결국 3가지 현금흐름 중에서 우리는 영업활동으로 인한 현금흐름이 지속적으로 양의 흐름을 보여주고 있는지, 그 양의 현금흐름은 추세가 어떤 모양인지를 주목해야 할 것이다. 뭐니 뭐니 해도 머니(money)가 최고고, 그중에서도 영업활동에서 벌어들인 현금이 최고인 셈이다.

재무제표 알쓸신잡,
주석

흔히 주석이라 하면 어려운 부분을 쉽게 풀어 쓴 글을 의미한다. 재무제표에도 주석이 있고, 이 주석은 재무제표를 구성하는 일부다. 그래서 회계에서 '재무제표'라고 하면, 재무상태표, 포괄손익계산서, 자본변동표, 현금흐름표뿐만 아니라 주석까지 포함하고 있다. 4가지 표만 본다면 계정별 숫자만 나오므로 그 이면을 이해하기 힘들다. 그래서 주석이 반드시 필요한 것이다. 각 재무제표를 보면 주석 번호가 계정과목 옆에 기재되어 있으므로, 그 주석 번호를 찾아 주석 내용을 읽으면 재무제표를 보다 깊이 이해할 수 있게 된다.

㈜컬리의 2022년 말 재고자산은 재무상태표를 보면 61,153백만 원(2021년말은 58,991백만 원)으로 나온다. 이 61,153백만 원이라는 숫자만 보고 재고자산의 내역을 이해할 수 없으니 우리는 재고자산에 대한 주석

을 읽어야 한다. 주석에 나오는 재고자산에 관한 내용은 다음과 같다.

[단위 : 천 원]

구분	당기말			전기말		
	취득원가	평가충당금	장부가액	취득원가	평가충당금	장부가액
상품	60,600,057	(1,341,819)	59,258,238	58,532,046	(1,955,378)	56,576,668
제품	26,616	–	26,616	–	–	–
원재료	32,554	–	32,554	–	–	–
부재료	25,449	–	25,449	–	–	–
부자재	1,810,518	–	1,810,518	2,414,079	–	2,414,079
계	62,495,194	(1,341,819)	61,153,375	60,946,125	(1,955,378)	58,990,747

위 주석 내용을 보면 재고자산의 대부분이 상품임을 알 수 있다. 이는 전기말과 당기말 모두 유사하며, 일부 부자재라는 재고자산도 있음을 알 수 있다.

한편 ㈜컬리의 2022년 재무상태표에 단기차입금은 139억 원, 장기차입금은 203억 원이 있다고 나오는데, 이 차입금에 대한 상세 내역도 역시 주석에 기재되어 있다. 2022년 주석 18번에 등장하는 차입금 관련 내용을 보면 단기차입금은 KDB산업은행으로부터 54억 원을, KB국민은행으로부터 85억 원을 차입한 것임을 알 수 있다. 장기차입금은 전액 KDB산업은행으로부터 차입한 것이며 3가지 종류가 있다. 또한 차입 이자율, 최장만기일 등 추가 정보도 주석에서 확인할 수 있다.

이렇게 주석은 중요한 계정과목의 상세 내역을 알려주고 있어서 재무제표를 깊이 이해하기 위해서는 반드시 읽어봐야 하는 귀중한 정보의 산실이다.

재무제표 숫자와 관련 없지만 그래도 소중한 정보, 주석

주석이 중요한 또 다른 이유는 주석이 재무제표에 드러난 숫자와는 무관하지만 중요한 정보를 알려주기 때문이다. 예를 들면 다음과 같은 정보다.

- 회사가 피소되어 계류 중인 소송사건
- 회사가 보험에 가입한 자산 내역
- 회사가 타인으로부터 제공받은 담보 및 보증 내역
- 회사가 담보로 제공한 자산 내역과 제3자에게 제공한 지급보증 내역
- 금융기관과 맺고 있는 주요 약정사항
- 보고기간종료일 이후 발생한 중요 사건
- 주요 주주현황
- 특수관계자의 범위 및 특수관계자와의 주요 거래

다음은 위와 같은 중요한 정보가 주석에 공시된 ㈜A제강의 실제 사례다.

주석 36. 우발부채 및 약정사항

(3) 계류 중인 소송사건

당사는 한국산 유정용 강관 및 송유관에 대한 관세율 산정 방식에 대하여 미국 국제무역법원(CIT)에 소송을 제기하였으며, 소송의 결과는 현재로서 예측할 수 없습니다. 또한, 독점규제 및 공정거래에 관한 법률 위반과 관련하여 당사 등 6개사를 피고로 한 손해배상소송이 법원에 계류 중입니다. 원고는 소송가액 136,229백만 원을 연대하여 배상할 것을 요구하고 있으며, 향후 당사가 부담할 것으로 예상되는 비용을 추정하여 충당부채로 계상하고 있습니다.

위 주석을 보면 ㈜A제강은 향후 부담할 것으로 예상되는 비용을 추정해서 충당부채로 계상하고 있다고 밝혔으나 얼마인지는 정확히 밝히지 않았다. 물론 원고가 총 7개사가 연대배상하기를 요구하고 있다고는 하지만 그 연대배상액이 1,362억 원으로 엄청나다. 가능성은 낮을 수 있으나 만약 ㈜A제강 등 총 7개사가 소송에서 최종 패소하게 된다면, ㈜A제강이 최종 부담할 금액은 생각보다 커질 수도 있는 위험이 있다. 이러한 주석내용은 투자자 등 이해관계자의 주의를 환기하고 있는 것이므로 놓쳐서는 안 될 소중한 정보에 해당한다.

또 다른 주석공시 사례를 살펴보자. 다음은 보고기간종료일 이후 발생한 중요 사건이 주석에 공시된 ㈜A홀딩스의 2022년 실제 사례다.

주석 42. 코스닥상장사인 관계기업투자주식의 거래정지

회사("㈜A홀딩스")의 주요 관계기업투자주식인 ㈜OO네오텍(장부금액 15,116,108천 원, 지분율 15.96%) 및 ㈜○○엔(장부금액 745,389천 원, 지분율 10.44%)은 코스닥시장 상장회사로서, 감사보고서일 현재 외부감사인으로부터의 감사범위제한에 따른 의결거절로 상장폐지기준 해당 또는 상장 적격성 실질심사 대상에 해당하는지 여부에 대한 한국거래소의 심사가 진행 중인 이유로 매매거래가 정지되어 있습니다. 만약, 동 관계기업투자주식이 코스닥시장에서 상장폐지될 경우에는 회사의 재무상태 및 영업성과에 부정적 영향이 발생할 수도 있습니다.

㈜A홀딩스는 주요 관계기업투자주식인 ㈜○○네오텍의 지분(장부금액 151억 원)과 ㈜○○엔의 지분(7.45억 원)을 보유 중이다. 그러나 만약 위 두 회사의 주식이 코스닥시장에서 상장폐지 된다면 ㈜A홀딩스의 재무상태와 영업성과에 부정적 영향이 예상된다고 공시하고 있는 것이다. 즉, 위 주석 내용은 두 회사 주식의 상장폐지는 아직 현실화되지 않았으나, ㈜A홀딩스의 이해관계자들은 이 사항을 주의해야 함을 일러주는 귀중한 정보라고 할 수 있다.

우리가 재무제표 숫자만으로 한 기업을 온전히 이해하기는 어려우므로 우리는 이처럼 주석에 묻고, 주석에서 정보를 구해야 더 정확한 정보를 찾을 수 있다.

결코 놓치면 안 되는 현금흐름표와 주석

현금흐름표와 주석 내용은 특정 회사의 현금흐름과 재무상황을 이해할 때 반드시 참고해야 하는 귀중한 정보, 즉 알아두면 쓸모 있는 신비한 잡학사전인 셈이다. 그러므로 특정 회사의 재무제표의 숫자를 분석하고자 할 때, 그리고 재무제표의 숫자와 무관하더라도 기업 상황을 깊이 이해하고자 할 때는 현금흐름표와 주석 내용을 꼼꼼히 읽어 보도록 하자.

올해는 분기사고 오스템임플란트 횡령사건, 위험신호를 찾아서

"헉, 이거 뭐지?"

새해 첫 거래일 여느 때처럼 (실은 늦어진) 개장시간에 맞춰 켠 경제TV의 자막을 봤을 때 새어 나온 말이다.

'오스템임플란트 1,880억 횡령사건 발생. 거래정지'

출처 : 네이버 금융(이하 동일)

나도 전에 투자했던 회사다. 사실 투자의 계기는 단순했다. 어머니를 비롯해서 장인어른, 장모님 등 주변의 거의 모든 어르신들이 임플란트를 하셨고, 나 또한 예외가 아닐 것이 보였기 때문이었다. 그리고 광고의 효

과였는지 몰라도 임플란트 하면 오스템이었으니 자기 아내가 호평하던 팬티스타킹을 보고, 그 회사에 투자해서 큰돈을 벌었다는 피터 린치(Peter Lynch) 흉내는 오히려 자연스러웠다.

기업실적분석										더보기 ▶
주요재무정보	최근 연간 실적				최근 분기 실적					
	2018.12	2019.12	2020.12	2021.12 (E)	2020.09	2020.12	2021.03	2021.06	2021.09	2021.12 (E)
	IFRS 연결	IFRS 연결	IFRS 연결	IFRS 연결	IFRS 연결	IFRS 연결	IFRS 연결	IFRS 연결	IFRS 연결	IFRS 연결
매출액(억원)	4,601	5,650	6,316	8,148	1,650	1,948	1,715	2,015	2,133	2,302
영업이익(억원)	310	429	981	1,341	237	467	255	342	355	419
당기순이익(억원)	63	-220	1,035	1,026	467	419	145	281	315	330
영업이익률(%)	6.73	7.59	15.53	16.46	14.36	23.95	14.88	16.99	16.63	18.21
순이익률(%)	1.36	-3.89	16.39	12.59	28.28	21.52	8.43	13.93	14.79	14.36
ROE(%)	11.45	-17.24	78.80	43.30	61.46	78.80	91.92	82.20	57.61	
부채비율(%)	459.61	868.40	408.58		522.56	408.58	411.75	381.06	377.54	
당좌비율(%)	46.57	43.87	64.31		60.89	64.31	63.02	63.93	72.32	
유보율(%)	1,964.47	1,706.83	3,250.42		2,606.62	3,250.42	3,356.81	3,722.65	4,156.84	
EPS(원)	888	-1,138	7,493	7,341	3,316	2,932	1,134	1,934	2,185	2,002
PER(배)	60.22	-37.16	6.81	19.44	8.09	6.81	9.58	12.21	16.36	71.28
BPS(원)	7,919	5,880	14,082	21,510	10,786	14,082	14,701	16,686	19,039	21,510
PBR(배)	6.76	7.19	3.62	6.63	3.60	3.62	5.78	6.81	7.03	6.63
주당배당금(원)	-	-	630	630						
시가배당률(%)	-	-	1.24							
배당성향(%)	-	-	8.01							

* 분기 실적은 해당 분기까지의 누적 실적에서 직전 분기까지의 누적 실적을 차감하는 방식으로 계산되므로, 기업에서 공시한 분기 실적과 차이가 있을 수 있습니다.
* 컨센서스(E) : 최근 3개월간 증권사에서 발표한 전망치의 평균값입니다.

최근 몇 년간 매출은 지속적으로 상승했고, 영업이익도 상승세였다. 2019년 세무조사 때 수백억 원을 추징당하는 바람에 당기순손실이었지만, 조세불복을 통해 상당 부분 환급을 받아 다시 큰 폭의 당기순이익을 기록했다. 2021년 예상되는 실적도 좋았다. 현재의 주가 수준이 높으냐 낮으냐를 논하는 것은 차치하고, 복잡하고 깊은 분석을 하지 않아도 재무제표가 보여주는 실적의 추세는 흠잡을 데가 거의 없었다.

이렇게 만나게 된 오스템임플란트는 나에겐 고마운, 하지만 아쉬운 주식이었다. 2021년 초에 4만 원 대에 사서 8만 원대에 팔았으니, 그 수익률만 해도 나의 주식 투자 역사에 남을 기록이었지만, 그 이후로도 주가가 계속 상승해서 나에게 개미의 한계를 느끼게 한 그런 종목이기도 했다.

횡령사건으로 돌아와, 횡령 추정 액수는 1,880억 원으로 오스템임플란트 자기자본 2,047억 원의 91.81%에 달하는 규모이며, 상장사에서 발생한 횡령사건 중 역대 최고액이라고 한다. 관련 직원이 재무관리팀장으로 일하며 잔액 증명서 등을 위조하는 방식으로 자금을 빼돌렸고, 현재 잠적 중이라는 것인데, 워낙 거액이다 보니 공모가능성도 제기되고 있었다.

어쨌든 투자자 입장에서는 황당하다는 말 이외에 어떤 표현이 더 적절할지 모르겠다. 시쳇말로 구멍가게도 아니고, 시가총액 2조 원이 넘는 코스닥 상장사에서 어떻게 이런 일이 가능하냐는 생각이 드는 것은 너무도 당연하다.

이에 대해 오스템임플란트는 업무상 횡령으로 관련 직원을 고소하고, '상기 건은 자금관리 직원 단독으로 진행한 횡령 사건이며, 당사는 2021년 12월 31일 서울 강서경찰서에 고소장을 제출하였습니다'라고 공시를 했다. '열 사람이 지켜도 한 도둑을 막지 못한다(十人之守 難敵一寇)'라는 느낌을 주는 발표다. 그러나 수천억 원을 하루 이틀이 아닌 수개월(비록 회사에 걸쳐 빼내고, 유용한 것이 분명해 보인다는 점에서 내부통제에 대한 이슈를 제기하지 않을 수 없다.

제도적으로 볼 때, 2018년 외감법개정 이후 감사인 등록제, 표준감사시간제, 내부회계관리제도 강화 등 회계투명성 제고를 위한 많은 제도들이 단계적으로 시행 중에 있다. 이러한 제도개혁으로 상장회사의 경우 회계, 내부회계관리제도(내부통제)구축 그리고 외부감사와 관련한 비용부담도 상당히 증가한 것이 사실이다.

그중에서도 상장법인에 대한 내부회계관리제도는 그 인증수준을 검토에서 감사로 강화했고, 2019년부터 단계적으로 시행되어 확대되고 있다. 오스템임플란트의 경우도 2020년 내부회계관리제도에 대해 감사를 받았다.

Note. 내부회계관리제도란?

내부회계관리제도는 지배기구와 경영진, 그 밖의 다른 직원에 의해 시행되며, 회계기준에 따라 신뢰성 있는 재무제표의 작성에 합리적인 확신을 제공하기위해 고안된 프로세스다. (1) 회사 자산의 거래와 처분을 정확하고 공정하게 반영하는 기록을 유지하고, (2) 회계기준에 따라 재무제표가 작성되도록 거래가 기록되고, 회사의 경영진과 이사회의 승인에 의해서만 수입과 지출이 이루어진다는 합리적인 확신을 제공하며, (3) 재무제표에 중요한 영향을 미칠 수 있는 회사 자산의 부적절한 취득, 사용 및 처분을 적시에 예방하고 발견하는 데 합리적인 확신을 제공하는 정책과 절차를 포함한다.

우선 오스템임플란트의 사업보고서상 감사용역 체결현황을 보자. 2020년의 경우 전년과 비교해서 감사시간이 1,600시간 늘었다. 2019년의 거의 2배가 늘었다는 말이다. 감사보수는 심지어 4.8배가 됐다. 비록 2021년에는 감소됐지만, 그래도 2019년에 비하면 감사보수는 3배 가까이 늘어난 셈이다.

사업연도	감사인	내용	감사계약내역	
			보수	시간
제25기 (2021년)	인덕회계법인	별도재무제표 및 연결재무제표 감사	350백만 원	3,708
제24기 (2020년)	삼덕회계법인	별도재무제표 및 연결재무제표 감사	575백만 원	3,484
제23기 (2019년)	인덕회계법인	별도재무제표 및 연결재무제표 감사	120백만 원	1,869

출처 : 오스템임플란트 사업보고서

늘어난 감사시간이 모두 내부회계관리제도(내부통제) 감사에 기인한다고는 할 수 없겠지만, 1,000시간이면 회계사 5~6명이 거의 한 달을 투입하는 업무량이다.

내부회계관리제도 감사의 기본 구조는 이렇다. 우선 경영진이 내부회계관리제도를 설계, 실행 및 유지할 책임이 있다. 그 결과에 대해 '내부회계관리제도 운영실태보고서'를 작성해서 주주총회, 이사회 그리고 감사(또는 감사위원회)에게 보고를 한다.

한편 감사는 경영진의 운영실태에 대해 평가를 하고, '내부회계관리제도 평가보고서'를 작성해서 주주 및 이사회에 보고한다. 여기까지는 회사 내부적인 절차이고, 이에 더해 외부감사인이 다시 감사를 실시한 후 '독립된 감사인의 내부회계관리제도 감사보고서'를 발행하게 된다.

그런데 내부회계관리제도(또는 내부통제)를 설계하고 구축할 때 반드시 고려하는 항목이 있다. 바로 다양한 부정위험에 대한 평가와 이의 방지를 위한 업무분장이다. 특히 통제활동을 선택하고 구축할 때, 경영진은 오류 또는 부정과 관련된 행위가 발생할 위험을 줄이기 위해 담당자별로 업무가 배분되거나 분리되어 있는지 고려해야 한다. 업무분장은 일반적으로 거래의 기록, 거래 승인 및 관련 자산의 보관에 대한 책임을 분리하는 것을 수반하며, 한 사람이 독단적으로 처리할 가능성을 완전히 방지할 수는 없지만 상당 부분 줄여주고, 관련 담당자들이 공모하지 않으면 부정을 저지르기 어렵기 때문에 부정위험을 감소시키는 데 필수적인 방안이다.

경우에 따라 업무분장이 실용적이지 않거나, 비용 대비 효율이 낮고 실행 가능하지 않을 수 있다. 하지만 자금의 관리와 관련된 업무분장이나 통제활동에 비효율성을 이유로 업무분장을 하지 않거나, 소홀히 운영한다는 것은 있을 수 없다.

이를 테면 일반적인 경우 회사공동인증서와 비밀번호생성기(OTP)는 각각 다른 사람이 관리하고, 자금의 이체를 위해서는 두 사람이 함께 작업을 해야 한다. 또한 매일 자금일보를 작성하고, 이는 통장내역과 함께 상위자에게 보고 및 승인을 받는다.

오스템임플란트의 경우 수개월에 걸쳐 횡령이 이루어졌으니, 이러한 기본적인 업무분장과 내부통제가 부재했거나 있었어도 상당 기간 작동하지 않았다는 말이 된다.

해당 직원은 주식 시장에서 큰돈을 벌 수 있는 유혹을 느꼈을 테고, 회사의 부실한 내부통제는 횡령의 기회를 제공했다. 잠깐 회사 자금을 빼서 투자한 후 이익을 내서 원금을 가져다 놓으면 아무도 모를 것이라는 합리화까지 부정행위 발생의 완벽한 조건이 된 셈이다.

그럼에도 앞서 언급한 모든 보고서(회계사 5~6명이 거의 한 달을 투입해서 감사를 실시한 후 결론에 도달한 보고서를 포함해서)에서 적정의견, 즉 내부회계관리제도가 중요성의 관점에서 효과적으로 설계되어 운영되고 있다는 진단을 받았다. 이는 업무분장을 포함한 내부통제의 설계뿐만 아니라, 그 실제 운영에 있어서도 별다른 취약점을 발견하지 못했다는 말이다.

물론 내부회계관리제도(또는 내부통제)의 본질적인 한계로 인해 부정행위나 재무제표에 대한 중요한 왜곡표시를 발견하거나 예방하지 못할 수 있다. 아무리 잘 설계된 내부통제라고 할지라도 제도를 운영하는 과정에서 발생하는 집행위험(부주의, 피로, 판단 착오 등)에 노출될 수 있으며, 모든 위험을 완벽하게 통제할 수는 없다.

그리고 내부회계관리제도는 기본적으로 신뢰성 있는 회계정보와 재무제표의 작성 및 공시를 위해 왜곡표시를 초래할 수 있는 오류나 부정행위를 예방하고 적발하는 데 목적이 있지, 횡령 같은 부정행위 방지나 적발을 목표로 하고 있는 것은 아니라 할 수도 있겠다.

하지만 새해 벽두부터 투자자들을 맞이한 것은 자금관리 직원이 수개월에 걸쳐 회사 돈 수천억 원을 횡령했고, 이는 전적으로 그 직원이 단독으로 진행한 사건이라는 공시와 언제 재개될지 모를 거래정지다. 상장이 폐지될 가능성도 없지 않고, 설사 거래가 재개된다 해도 주가하락은 불가피해 보인다. 그럼에도 내부통제의 본질적 한계 또는 열 사람이 도둑 하나를 막지 못한다는 말이 여전히 유효할 수 있을까?

2018년 외감법 개정 후 많은 상장사들(특히 중소상장사)이 회계 및 감사비용 상승에 대해 어려움을 호소하고, 부담완화를 위한 법 개정까지 요구하고 있다. 하지만 횡령 사건이 아니더라도 회계부정 사건들은 끊이지 않고 있다. 사고가 터진 후의 형사처벌 같은 사후조치만으로는 시장의 신뢰와 투자자 보호에는 결코 충분하지 않다. 물론 사전적인 조치가 부정행위를 막을 전가의 보도가 될 수 없음도 분명하다. 그러나 시장의 신뢰나 투자자(특히 소액주주들) 보호를 위한 필수적인 장치임도 잊지 말아야 할 것이다.

오스템임플란트… 이후의 상황 전개가 사뭇 궁금해진다.

출처 : 오스템 횡령사건, 희생양만 찾을 것인가, 〈더칼럼니스트〉, 2022. 1. 5
(https://www.thecolumnist.kr/news/articleView.html?idxno=620)

Part III

스타트업
외부감사

외부감사인에게
회계감사를 받아야 하는 회사

샘 킴 대표는 이제 본인이 구상한 사업궤도에 진입했고, 지금껏 배운 것만으로도 재무제표가 어느 정도 눈에 들어오게 됐다. 지금까지의 성과를 보며 직원들과 함께하며 힘들게 이루어냈다는 생각에 발걸음이 가벼웠다. 그런데 어느 날 세무조정을 하고 있는 분이 회사 규모가 이런 추세로 커지게 되면 내년부터는 회계감사를 받아야 될지 모르니 미리 준비를 해두는 것이 좋겠다고 한다. 샘 킴은 꼬장꼬장한 회계사한테 회계감사를 받으려면 무엇부터 준비해야 하고, 지금까지 이루어놓은 재무제표가 틀리면 어떻게 되는지 갑자기 걱정이 되기 시작했다. 회계감사는 회사가 어느 정도 규모가 될 때 의무적으로 받아야 하는 것일까? 또한 회계감사 결과 재무제표를 잘못 작성해서 회계법인으로부터 적정의견을 받지 못하면 어떻게 되는 것일까?

◆◆◆

2022년 기준으로 국내에 법인세를 신고한 법인은 90만여 개에 이른다. 이 중 대부분을 차지하는 소규모 중소기업은 주로 법인세나 사업소득세 신고 목적으로 재무제표를 작성한다. 그렇지만 기업의 자산 규모가 커지고 영업활동이 활발해지면서 투자와 재무활동까지 빈번히 이루어지게 되면 명함 몇 통도 부족할 정도로 이해관계자들이 많아지기 마련이다.

또 이러한 기업들의 복잡해지는 거래를 기록하고, 자산과 부채를 평가해 재무제표에 적정하게 보여주기 위한 회계기준도 하루가 다르게 변화해가고 있다. 인력과 자금이 부족한 중소기업의 경우 이렇게 회계기준에서 요구하는 수준에 맞는 재무제표를 작성하는 데는 한계가 있을 수밖에 없다.

외부감사법('주식회사 등의 외부감사에 관한 법률'의 약칭)에서는 이렇게 모든 기업에 대해 감사하는 것은 불가능하기 때문에, 일정한 자산 규모나 매출 규모가 커서 이해관계자가 많은 회사에 대해서만 회계감사를 의무적으로 받도록 하고 있다. 일정 수준 이상의 기업들은 서로 간에 동일한 잣대로 기업성과를 비교하고, 공통된 언어로 재무상태를 보여주기 위해서다.

다음의 회사들은 회사로부터 독립된 외부의 감사인으로부터 매 결산기에 외부감사를 반드시 받아야 하는 대상 회사로 외부감사법에서 정의하고 있다.

〈법정 외부감사 의무 대상 회사〉

· **주권상장법인**(코스피, 코스닥, 코넥스)

· **해당 사업연도 또는 다음 사업연도 중에 주권상장법인이 되려는 회사**

· **직전사업연도 말 기준으로 다음의 요건을 충족하는 회사**

요건	주식회사	유한회사
무조건 대상	자산총액 500억 원 이상	자산총액 500억 원 이상
	매출액 500억 원 이상	매출액 500억 원 이상
조건부 대상	아래 4가지 요건 중 2가지 충족 (1) 자산총액이 120억 원 이상 (2) 부채총액이 70억 원 이상 (3) 매출액이 100억 원 이상 (4) 종업원 100명 이상	아래 5가지 요건 중 3가지 충족 (1) 자산총액이 120억 원 이상 (2) 부채총액이 70억 원 이상 (3) 매출액이 100억 원 이상 (4) 종업원 100명 이상 (5) 사원이 50명 이상

* 1. 직전사업연도가 12개월 미만인 경우에는 12개월로 환산하며, 1개월 미만은 1개월로 본다.

2. '근로기준법' 제2조제1항제1호에 따른 근로자

3. 유한회사의 '사원'은 주식회사의 주주와 유사한 개념으로 출자액을 납입하고 일정 지분을 보유한다. 투자금액을 좌수로 나누어 보유지분을 계산한다.

요컨대 상장회사나 올해나 내년에 상장할 회사, 직전사업연도 말 기준 자산이 500억 원 이상, 매출액이 500억 원 이상인 회사는 무조건 외부감사를 받아야 한다. 조건부 대상인 경우 주식회사와 유한회사가 조금 다른데, 유한회사에만 있는 사원수 기준이 추가된 점과 3가지 요건을 충족해야 감사대상에 포함되므로 주식회사보다는 적용 폭이 다소 좁다.

회계감사를 수행할 수 있는
외부감사인이 따로 있다

한편 회계감사를 수행할 수 있는 외부감사인의 자격이 부여된 회사는 공인회계사법에 의한 회계법인과 한국공인회계사회에 등록된 감사반으로 구분된다. 감사를 받는 회사의 상장 여부와 회사 규모, 형태에 따라 외부감사인도 감사를 할 수 있는 범위가 정해져 있다.

2017년 10월 외부감사법이 개정되어 상장회사의 감사품질 제고를 위해 '상장회사 감사인 등록제'가 도입됐다. 이렇게 2020년부터 상장회사를 감사할 수 있는 회계법인은 등록요건을 갖춰 금융위원회에 등록해야 감사를 수행할 수 있다. 주권상장법인 감사인 등록현황은 금융감독원 홈페이지에서 확인 가능하며, 2023년 1월 기준으로 많이 알려진 Big4 회계법인인 삼일, 삼정, 안진, 한영회계법인을 포함해 총 41개 회계법인이 등록되어 있다.

<외부감사인의 형태별 감사가능 회사>

구분	회계법인		감사반
	등록회계법인	비등록회계법인	
주권상장법인	감사가능	감사불가	감사불가
대형비상장회사와 금융회사		감사가능	감사불가
일반 비상장회사			감사가능

여기서 대형비상장회사는 직전사업연도 말 자산총액 5,000억 원 이상 (2023년 5월 2일 개정, 기존 1,000억 원)인 비상장회사를 말하며, 금융회사는 금융회사의 구조개선에 관한 법률에 따른 은행, 증권, 보험사 등을 말한다. 이 중 주권상장회사와 대형비상장회사·금융회사는 외부감사인과 연속 3개 사업연도 동일 감사인과 감사계약을 체결·유지해야 한다.

금융감독원 보도자료에 따르면, 2023년 말 현재 외부감사대상 회사는 41,212개사이며 이는 전년대비 3,693개사가 증가했다. 이 중 주권상장법인이 2,642개사(6.4%), 유한회사는 623개사(1.5%)이며, 이 밖에 대부분이 비상장회사로서 그 수는 37,947개사로 92.1%를 차지하고 있다.

여기서 잠깐!

Q. 벤처투자조합이나 개인투자조합도 외부감사를 받아야 하나요?

A. 벤처투자조합과 유사한 형태인 벤처투자회사, 개인투자조합, 엑셀러레이터(창업기획자)는 벤처투자촉진에 관한 법률에 따라 매 사업연도 종료 후 3개월 이내에 결산서에 외부감사인의 감사의견서를 첨부해서 중소벤처기업부장관에게 제출해야 한다. 벤처투자 및 투자조합에 대한 지원을 해주는 대신 회계감사를 받아서 투명한 결산을 하라는 취지인 것으로 보인다.

2023년 8월 개정된 벤처투자촉진에 관한 법률 시행령에 따르면 벤처투자조합의 결산에 대한 외부감사인의 범위를 기존 회계법인에서 감사반까지 확대해 비용부담을 완화시켰으며, 또한 벤처투자조합 등록을 위해 20억 원 이상의 출자금이 필요했으나 이를 10억 원으로 줄여 벤처투자 활성화를 유도하고 있다.

외부감사인의 선임시기에 대해서는 별도의 규정이 없으며, 결산기준일 이전에 선임하는 것이 일반적이다.

한국채택국제회계기준을 적용해야 하는 기업들

　회사가 어떤 회계기준을 적용해서 결산을 하는지는 경영자가 경영의 사결정을 할 때에도 반드시 고려해야 할 문제다. 어떤 회계기준을 적용하느냐에 따라 회사의 재무상태와 손익에 영향을 주고, 이는 기업가치에도 영향을 미칠 수 있기 때문이다.

　현재 국내에서 적용할 수 있는 회계기준은 한국채택국제회계기준과 일반기업회계기준, 중소기업회계기준이다. 한국채택국제회계기준을 적용하는 경우에는 회계처리도 복잡할 뿐만 아니라, 주석으로 공시할 사항이 크게 늘어나기 때문에 채택하고 싶지 않지만, 외부감사법에서는 한국채택국제회계기준을 의무적으로 적용해야 하는 회사를 다음과 같이 정의하고 있다.

외부감사법 시행령 제6조(회계처리기준)

① 다음 각 호의 어느 하나에 해당되는 회사는 법 제5조제3항 후단에 따라 같은 조 제1항제1호의 회계처리기준(이하 "한국채택국제회계기준"이라 한다)을 적용하여야 한다.

1. 주권상장법인. 다만, '자본시장과 금융투자업에 관한 법률 시행령' 제11조제2항에 따른 코넥스시장(이하 "코넥스시장"이라 한다)에 주권을 상장한 법인은 제외한다.

2. 해당 사업연도 또는 다음 사업연도 중에 주권상장법인이 되려는 회사. 다만, 코넥스시장에 주권을 상장하려는 법인은 제외한다.

3. '금융지주회사법'에 따른 금융지주회사. 다만, 같은 법 제22조에 따른 전환대상자는 제외한다.

4. '은행법'에 따른 은행

5. '자본시장과 금융투자업에 관한 법률'에 따른 투자매매업자, 투자중개업자, 집합투자업자, 신탁업자 및 종합금융회사

6. '보험업법'에 따른 보험회사

7. '여신전문금융업법'에 따른 신용카드업자

② 제3조제1항에 따른 지배·종속의 관계에 있는 경우로서 지배회사가 연결재무제표에 한국채택국제회계기준을 적용하는 경우에는 연결재무제표가 아닌 재무제표에도 한국채택국제회계기준을 적용하여야 한다.

정리하면 코스피, 코스닥 상장법인이나 상장예정법인, 대부분의 금융회사 등은 한국채택국제회계기준을 반드시 적용해야 한다. 사실 이러한 상장회사 등의 경우에는 상장 또는 회사 설립 시 어느 정도 준비할 시간과 여력이 있을 것이다. 그러나 연결기준으로 한국채택국제회계기준을

적용하는 회사가 소규모 중소기업을 취득하거나 지배회사가 상장 전환을 할 경우 그 종속기업에 대한 재무제표도 한국채택국제회계기준으로 전환해서 작성해야 하는 부담이 있을 수 있다.

일반기업회계기준은 한국회계기준원 회계기준위원회에서 제정 및 개정한 회계기준으로서, 주식회사의 외부감사에 관한 법률의 적용대상기업 중 '한국채택국제회계기준'을 적용하지 않는 기업이 적용해야 하는 회계기준이나.

중소기업회계기준은 외감법 적용대상이 아닌 주식회사의 회계 원칙으로 한국채택국제회계기준과 일반기업회계기준 외에도 법무부 장관이 지정하는 회계기준이다. 상법 시행령이 개정(2012. 4. 15 시행)됨에 따라 법무부에서는 중소기업의 재무제표 작성자가 이해하고 적용하기 쉬우면서 정보의 유용성도 함께 고려한 중소기업회계기준을 제정해 2013년 2월 1일에 고시했다.

외부감사계약도
절차에 따라 진행해야 한다

　최초로 외부감사법에 따라 감사를 받아야 하는 회사는 사업연도 개시일부터 4개월 이내에 감사인을 선임하고 그다음 사업연도 이후에는 당해 사업연도 개시일 이후 45일 이내에 외부감사인을 선임해야 한다.

　계약체결 후 2주 이내에 동 사실을 증권선물위원회에 보고해야 한다. 동 의무를 위반하는 경우 감사인 지정 등 불이익을 받을 수 있다. 감사계약체결을 하면 2018년 11월 1일에 시행된 '주식회사 등의 외부감사에 관한 법률' 시행령에 따라 금융감독원 외부감사계약보고시스템에 온라인으로 접수해야 한다.

〈감사계약체결 금융감독원 접수절차〉

(Step 1) 회사 고유번호 발급 : DART접수 시스템(http://filer.fss.or.kr)을 통

해 법인의 공동인증서를 이용해 등록한다. 신청결과는 아래 화면을 통해 조회가 가능하다.

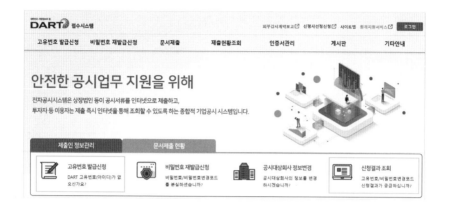

(Step 2) 감사인선임보고서 작성 : 외부감사계약 보고시스템(https://eacrs. fss.or.kr/)에 접속해서 제출서류를 작성한다.

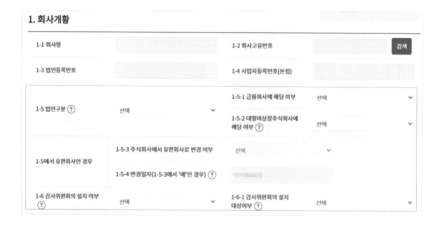

최초로 외부감사계약을 체결하는 회사는 위의 사이트에서 회사개황 작성에 어려움을 많이 겪는 듯했다. 특히 1-5 법인구분, 1-6의 감사위원

회 설치 여부 항목은 관련 규정을 잘 찾아봐야 하는데, 여기서 간단히 설명하고자 한다.

1–5. 사업보고서 제출 대상 회사

① 주권상장법인

② 주권 외의 지분증권, 무보증사채권, 전환사채·신주인수권부사채권 등을 증권시장에 상장한 발행인

③ 주권 및 주권 외의 상기 증권을 모집 또는 매출한 적이 있는 발행인

④ 외감법인으로서 증권의 소유자수가 500인 이상인 발행인

1–6. 감사위원회 설치 여부

감사위원회를 설치해야 하는 회사는 대규모 상장사이며 이와는 별개로 자율적으로 설치한 회사도 '예'에 체크한다. 대부분 감사나 감사위원회에서 선정하나, 자본금 10억 원 미만으로서 감사위원회나 감사가 없는 회사는 '회사'로 선택한다.

Note. 감사위원회 설치의무 회사?

최근 사업연도 말 현재 자산총액이 2조 원 이상인 상장회사는 감사위원회 설치를 의무화하고 있다(증권거래법). 또한 상법에 따라, 자본금 10억 원 이상인 회사는 반드시 '감사'를 둬야 하고, 자율적으로 감사위원회를 설치할 수 있으며, 자산총액 1,000억 원 이상에 해당하면 '상근감사' 또는 감사위원회를 설치해야 한다. 감사위원회를 설치한 경우에는 감사를 둘 수 없다(상법 제415조의2 제1항).

(Step 3) 관련 문서 첨부 후 신고서 제출

- 관련문서 : 감사인 선임보고제출공문, 감사계약서 사본, 회사의 법인
  등기부등본 등

(Step 4) 제출 후 '접수현황' 탭에서 회사의 문서제출이력 및 세부내용 확인

감사의견의 종류

외부감사계약을 체결하고 바짝 긴장한 상태에서 자료 준비에 여념이 없던 샘 킴은 외부감사인이 요청한 리스트에 대해 직원들과 자료를 열심히 작성했다. 연말 외부감사인이 입회하에 진행되는 재고자산에 대한 실사준비도 하면서, 장부에는 있는데 실제로는 없는 재고자산도 파악했다. 회사가 보유한 금융회사에 예치되어 있는 잔고가 얼마인지도 외부감사인이 확인하면서 힘들지만 보람을 느꼈다. 그런데 과연 이렇게 하면 적정하다고 인정받을 수 있을까 걱정이 됐다. 실제 신문지상에 작년에 감사의견을 거절받은 상장회사가 수십 군데가 되는 것을 보니 내심 걱정도 됐다. 감사의 결과인 감사의견에는 적정의견이 당연하다고 생각했는데, 적정의견 이외에도 다른 의견이 있다는 것을 알게 됐다. 샘 킴은 이제 적정의견을 못 받는 경우가 무엇인지 궁금해졌다.

♦♦♦

감사의견이란 대상회계연도의 재무제표에 대해 회계감사를 수행한 외부감사인이 회사가 작성한 재무제표가 중요성의 관점에서 공정하게 표시됐는지, 진실되고 공정한 관점을 제시하는지 여부에 관해 독립적으로 의견을 표명하는 것이다. 감사의견의 종류에는 적정의견, 한정의견, 부적정의견, 의견거절까지 4가지가 있다.

다음은 적정의견일 경우의 감사보고서의 구성내역이다. 유심히 보면 감사의견 이외에도 감사의견에 대한 근거, 감사인이 중점적으로 감사한 핵심감사사항, 강조사항 등 감사인이 대상회사를 어떻게 감사했는지에 대해서 많은 정보를 얻을 수 있다. 이 중 가장 주목해서 봐야할 부분은 감사의견근거와 핵심감사사항 문단이다.

감사보고서의 구성

- **감사의견**
- **감사의견근거**
- (강조사항)
- **핵심감사사항**
- (기타사항)
- 재무제표에 대한 경영진과 지배기구의 책임
- 재무제표 감사에 대한 감사인의 책임
- 기타 법규의 요구사항에 대한 보고

- 업무담당이사 이름
- 감사법인의 주소
- 회계법인명칭 및 대표이사 이름
- 감사보고서일자

<적정의견인 경우 감사보고서 예시>

독립된 감사인의 감사보고서

A주식회사
주주 및 이사회 귀중

20X4년 3월 XX일

감사의견

우리는 A주식회사(이하 "회사")의 재무제표를 감사했습니다. 동 재무제표는 2023년 12월 31일 현재의 재무상태표, 동일로 종료되는 보고기간의 손익계산서, 포괄손익계산서, 자본변동표 및 현금흐름표 그리고 중요한 회계정책 정보를 포함한 재무제표의 주석으로 구성되어 있습니다.

우리의 의견으로는 별첨된 회사의 재무제표는 회사의 2023년 12월 31일 현재의 재무상태와 동일로 종료되는 보고기간의 재무성과 및 현금흐름을 한국채택국제회계기준에 따라 중요성의 관점에서 공정하게 표시하고 있습니다.

감사의견근거

우리는 대한민국의 회계감사기준에 따라 감사를 수행했습니다. 이 기준에 따른 우리의 책임은 이 감사보고서의 재무제표감사에 대한 감사인의 책임 단락에 기술되어 있습니다. 우리는 재무제표감사와 관련된 대한민국의 윤리적 요구사항에 따라 회사로부터 독립적이며, 그러한 요구사항에 따른 기타의 윤리적 책임을 이행했습니다. 우리가 입수한 감사증거가 감사의견을 위한 근거로서 충분하고 적합하다고 우리는 믿습니다.

핵심감사사항

핵심감사사항은 우리의 전문가적 판단에 따라 당기 재무제표 감사에서 가장 유의적인 사항들입니다.

<핵심감사사항의 상세내용 기재>

(예시) 재고자산 순실현가치 평가

<핵심사항으로 결정한 이유>

순실현가능가치의 추정에는 미래 수요 및 판매가격 등 다양한 변수와 관련된 불확실성과 그 측정과정에서의 복잡성으로 인해 잠재적 오류가 유의적인 것으로 판단해 재고자산 순실현가치 평가를 핵심감사사항으로 결정했습니다.

<핵심감사사항이 감사에서 다루어진 방법>

회사 정책의 합리성 검토 및 프로세스와 내부통제의 이해

재고자산 순실현가치 평가 시 사용된 예상 판매가격 등 기초정보의 적정성 평가…

재무제표에 대한 경영진과 지배기구의 책임

경영진은 한국채택국제회계기준에 따라 이 재무제표를 작성하고 공정하게 표시할 책임이 있으며….

재무제표감사에 대한 감사인의 책임

우리의 목적은 회사의 재무제표에 전체적으로 부정이나 오류로 인한

중요한 왜곡표시가 없는지에 대해 합리적인 확신을 얻어 우리의 의견이 포함된 감사보고서를 발행하는 데 있습니다. 합리적인 확신은….

이 감사보고서의 근거가 된 감사를 실시한 업무수행이사는 ○○○입니다.

외부감사인의 주소
○○회계법인 대표이사 ○○○
감사보고서일

적정의견 이외에 표명할 수 있는 의견은 한정의견, 부적정의견, 의견거절이 있다.

한정의견 : 일정 부분을 제외하고는 재무제표가 적정하다

한정의견은 비교공시되는 전년도 금액을 확인하지 못했거나, 당년도 특정회계처리에 대해서 감사인과 회사의 경영진 간의 의견이 일치하지 않아 감사인이 일치하지 않는 부분을 제외하고 적정의견을 표명할 때 사용된다. 감사인은 중간문단 혹은 범위문단에 적정의견이 아닌 부분의 내용과 그 이유를 기술하고, 의견문단에 한정의견을 표명한다.

감사의견 단락

우리의 의견으로는 한정의견근거 단락에 기술된 사항이 미치는 영향을 제외하고 별첨된 회사의 재무제표는 회사의 2023년 12월 31일 현재의 재무상태와 동일로 종료되는 보고기간의 재무성과 및 현금흐름을 한국채택국제회계기준에 따라 중요성의 관점에서 공정하게 표시하고 있습니다.

감사의견근거 단락

해당 왜곡표시의 이유와 해당 왜곡표시가 재무제표에 미치는 영향을 설명하고 가능한 경우 계량적인 내용을 포함하고 마지막 단락에는 "~ 한정의견을 위한 근거로서 충분하고 적합하다고 우리는 믿습니다"라고 기재된다.

사례 1 : 상장법인의 한정의견 영향

2018년 S회계법인은 운용리스 항공기의 정비의무와 관련한 충당부채와 마일리지 이연수익의 인식 및 측정, 관계기업 주식의 공정가치 평가 등에 대한 적합한 감사증거를 입수하지 못한 것을 이유로 A항공에 한정의견을 표명했다. 당시 A항공은 상장사로 A항공 관련 기업들의 주가는 곤두박질쳤다.

사례 2 : 비상장법인의 한정의견 악용

T사는 국세청으로부터 세무조사를 받고, 그 결과 법인세 추징액 약 250억 원을 납부했다. 이는 이미 확정된 중요한 사건이므로 당해연도 재무제표에 비용으로 반영됐음에도 이를 법인세추가납부액으로 비용처리하지 않고 자산인 미수금으로 처리했다.

외부감사법인은 미수금의 자산성에 대해서 충분하고 적합한 감사증거를 입수하지 못해 미수금에 대한 자산 인식 부분을 제외하고 한정의견을 표명했고, 2023년에도 T사는 한정의견을 받았다. T사의 당기순이익 규모가 약 100~140억 원 수준임을 감안할 때, 당기순이익이 손실로 바뀌기 때문에 반영하지 않은 것으로 보인다. 이러한 회계처리가 가능했던 것은 T사가 상장사가 아니기 때문에 감사의견으로 한정의견을 받더라도 큰 제재가 없기 때문으로 보인다. T사는 현재 외부차입금이 없고 유동성이 충분하기 때문에 향후에도 금융기관으로부터 대출을 받지 않아도 되기 때문이다.

부적정의견 : 회계기준을 위배했으므로 재무제표가 적정하지 못하다

부적정의견은 자주 발생하지 않지만 회사가 작성한 재무제표에 대해서 감사인과 경영진 간의 의견불일치로 인한 영향이 재무제표에 매우 중요하고 전반적인 경우에 표명하는 감사의견이다. 감사인은 경영진이 일반적으로 인정된 회계기준의 위배사항에 대해서 감사보고서 중간문단에 재무제표가 회계기준에 따라 공정하게 표시되지 못하고 있음을 언급한다. 다음은 부적정의견의 사례다.

> **부적정의견**
> 우리는 B주식회사(이하 "회사")의 재무제표를 감사했습니다. 해당 재무

제표는 202X년 12월 31일과 202X년 12월 31일 현재의 재무상태표와 동일로 종료되는 양보고 기간의 손익계산서, 자본변동표, 현금흐름표 그리고 유의적인 회계정책의 요약을 포함한 재무제표의 주석으로 구성되어 있습니다.

우리의 의견으로는 별첨된 회사의 재무제표는 이 감사보고서의 부적정 의견근거 단락에 기술한 사항의 유의성 때문에 회사의 2023년 12월 31일 현재의 재무상태와 동일로 종료되는 보고기간의 재무성과 및 현금흐름을 일반기업회계기준(또는 한국채택국제회계기준)에 따라 중요성 관점에서 공정하게 표시하고 있지 아니합니다.

부적정의견의 근거

회사는 해외매출 회계처리와 관련해 수익인식기준을 검토하는 내부통제의 미비로 인해 중요한 수정사항이 발견됐습니다. 이러한 미비점은 매출채권 및 재고자산의 재무상태표 계정과 매출, 매출원가 등 포괄손익계산서 계정이 적절히 기록되지 않을 수 있는 중요한 취약점을 의미합니다.

의견거절 : 충분하고 적합한 감사증거를 입수하지 못해 의견을 줄 수 없다

의견거절은 감사인이 감사의견의 근거가 되는 충분하고 적합한 증거를 입수하지 못하고, 그 왜곡표시가 재무제표에 중요한 영향을 미치는 경우에 내리는 의견이다. 최근에 의견거절 사례를 보면 회사를 계속 운영하기 어렵다고 판단하는 경우에 계속기업으로서 존속이 불확실하기 때문에 감사인이 감사의견표명을 거절하는 경우가 종종 발생하고 있다. 다음은 의견거절의 사례다.

우리는 별첨된 회사의 재무제표에 대해서 의견을 표명하지 않습니다. 우리는 이 감사보고서의 의견거절근거 단락에서 기술된 사항의 유의성 때문에 재무제표에 대한 감사의견의 근거를 제공하는 충분하고 적합한 감사증거를 입수할 수 없었습니다.

의견거절의 근거

(1) 계속기업 가정에 대한 불확실성

회사의 재무제표는 회사가 계속기업으로서 존속한다는 가정을 전제로 작성됐으므로 회사의 자산과 부채가 정상적인 사업활동과정을 통해 회수되거나 상환될 수 있다는 가정 하에 회계처리 됐습니다. 그러나 재무제표에 대한 주석X에서 설명하고 있는 바와 같이 회사는 보고기간종료일 현재 XXX백만 원의 영업손실과 XXX백만 원의 당기순손실이 발생했습니다. 또한 회사의 유동부채가 유동자산보다 XXX백만 원 초과하고 있으며 자본총계는 (-)XXX백만 원으로 완전자본잠식상태입니다.

Scene #1 어느 보험사 이야기

새로 온 CEO는 골수 영업통이었다. 전임 CEO가 경쟁사의 공격석인 시책에 기반한 영업 강화로 월납초회보험료뿐 아니라 계속보험료에서 뒤처지는 바람에 임기를 1년 넘게 남겼음에도 경질이 되며, 긴급 수혈된 사람이었다.

당연히 취임하자마자 전략회의가 연일 이어졌다. 그 결과로 상품개발부문에서 그럴싸한 상품을 고안했고, 영업부문에서는 월납초회보험료를 50% 이상 늘릴 공격적 시책안을 제안했으며, 기획부문에서 이러한 목표를 달성했을 때의 예상매출과 손익을 정리했다. 다만 계리·리스크관리부문은 고안된 상품의 구조가 공격적인 프라이싱으로 마진이 박하고, 충분한 경험률과 위험률을 반영한 것 같지 않아 상품판매 후 수년이 지나 본격적으로 보험금청구가 시작되면 큰 손실의 가능성이 있다는 의견을 냈다. 여기에 영업 쪽이 제시한 시책안이 너무 공격적인지라, 불완전판매의 가능성이 높다는 점도 덧붙였다.

당연한 귀결이지만 계리·리스크관리부문의 의견은 의견으로 남고, 상품은 출시됐다. 그리고 대대적인 광고와 영업시책 그리고 매력적인 상품 구조와 가격으로 상품은 공전의 히트를 쳤다. 타 회사에서 유사상품을 우후죽순 격으로 출시하기 전까지 2년이 넘는 시간 동안 상품의 인기는 식을 줄 몰랐다.

무리하게 보였던 영업목표는 무난하게 달성됐고, 영업부문은 엄청난 보상을 받았다. 상품개발부문은 두둑한 성과급뿐만 아니라 사장상을 비롯해 승진까지 챙겼다. 가장 큰 승자는 CEO였다. 전임 CEO처럼 임기가 1년 넘게 남았었으나, 이번엔 경질이 아니라 그룹임원으로 승진해서 회사를 떠났다.

그 후에 어떻게 됐을까? 항상 불길한 예감은 틀리지 않는다. 판매 4~5년이 지난 후, 본격적으로 보험금 청구가 몰려들며 악몽은 시작됐다. 당초 예상했던 것보다 훨씬 높은 발병률로 회사에 엄청난 손실을 안겨주기 시작했던 것이다. 그것도 한두 해로 끝나지 않고, 끝없이 청구가 들어왔다. 부랴부랴 상품 판매를 중지시켰지만 이미 늦은 상황이었다. 아주 길고도 두터운 손실(long & heavy tail)이 기다리고 있었다.

이 사례는 픽션이지만 이런 유사한 상황을 경험한 사람들은 무척 많을 것이다. 필자도 예외는 아니었다. 몇 년 후 벌어질 일이 뻔히 예상되는 데도 그냥 지켜볼 수밖에 없었던 경험은 결코 유쾌한 기억은 아니다. 물론 솔직히 입장을 바꿔 전문경영인의 입장에서 생각하면, 목표 자체가 단기적으로 설정되는데 어떻게 장기적인 비전을 가지고 전략을 세워 경영을 할 수 있을까도 싶다. 내가 그 입장이라면 어떤 선택을 했을 것인가? 단언하기 쉽지 않다. 오히려 주인(창업주)이 아닌 고용인에게 '주인의식'을 가지라는 말 자체가 어불성설이라는 주장이 더 와닿는다.

사실 이런 대리인문제(Agency problem) 이야기는 새롭지 않다. 어느 업종이든 회사든 겪을 수 있는, 모두 잘 알고 있지만 대응책 마련은 쉽지 않은 대표적인 경영이슈라고나 할까. 그래서 고용인들에게 '주인의식'을 가지게 할 수 없더라도 주인과 유사한 행동을 유도할 수 있는 여러 방안이 고안되어 왔는데, 그중 하나가 '스톡옵션'이다.

회사가 잘되면 기업가치(주가)가 높아지고, 그럼 주인인 주주의 부도 늘어난다. 따라서 전문경영인에게 주식을 싸게 살 수 있는 선택권을 부여하면, 기업가치가 높아질 수 있도록 일할 것이라는 생각이다. 하지만 그게 말처럼 쉽지 않다.

Scene #2 카카오페이의 스톡옵션 사태

카카오페이는 2021년 11월 3일에 코스피 상장에 성공했으며, 단번에 시가총액이 20조 원을 넘었다. 2021년 매출 4,500억 원, 영업이익은 적자였음에도 불구하고, 높은 성장성만으로 이런 인정을 받은 것이다.

그런데 상장 후 한 달여 뒤인 2021년 12월 10일에 스캔들이 발생했다. 카카오페이의 경영진들이 스톡옵션으로 받았던 주식을 대거 매각에 나섰던 것이다. 류영준 대표이사를 포함한 임원 8명들이 시간외매매에서

20만 원 수준에 44만주의 지분을 정리했던 것이다. 이들은 스톡옵션을 행사해서 5,000원에 매수한 카카오페이 주식을 매도함으로써 차익을 무려 878억 원이나 남겼다고 한다.

전체 주식수 대비로 보면 1%도 안 되는 물량이긴 했으나, 공모가가 너무 높지 않냐는 논란의 와중에 주요 경영진들이 일제히 물량을 던져버린 것은 당시 주가가 고점임을 자인한 셈인지라 이후 투자 심리 악화와 함께 주가는 곤두박질쳤다.

물론 스톡옵션이라는 것이 임직원에게 동기부여를 해서 회사를 성장시키고 가치를 높여 그 과실을 따 먹으라는 것이고, 이들은 그 의도에 맞게 행사를 해서 큰돈을 벌었으니 뭐라 할 말은 없을 수 있겠다. 어쩌면 너무 합리적인 선택이었으리라. 하지만 소액주주인 개미들(잊지 말자. 개미들도 주주이고, 그 회사의 주인이다) 입장에서는 뭔가 뒤통수를 맞은 듯한, 그래서 '스톡옵션 먹튀'란 말에 동의할 수밖에 없는 정황이었다.

Scene #3 스타트업의 스톡옵션

얼마 전 상장 바이오업체를 다니는 후배를 만났다. 회계법인에서 일하다가 상장을 앞둔 스타트업이었던 이 회사로 옮겨 회계와 재무뿐 아니라 투자 유치나 IPO까지도 깊이 관여하며 온갖 고생을 했다고 한다. 결국 상장에 성공을 했고, 소문으로는 스톡옵션을 받아 상당한 돈을 챙긴 것 같았다. 그래서 후배를 만나자마자 축하의 말부터 건넸는데 돌아오는 말은 다음과 같았다.

"선배님, 그렇게 많이 벌지 못했습니다."

'무슨 소리지?'

그는 의아해하는 나의 표정을 보며 말을 이었다.

"상장 전에 공모가보다 낮게 좀 받았는데 몇 주 못 받았고요. 상장 후 추가로 받았는데 상장 이후 주가가 고꾸라져서 행사가격에 도달하려면 아직 멀었어요. 게다가 당장은 행사도 할 수 없는 기간이고요."

하긴 최근 들어 바이오 쪽 주가흐름이 좋시 않다. 역시 소문난 잔치에 먹을 것 없는 것일까? 스톡옵션 받고 상장시켜서 인생 골든벨을 울리겠다고 낮은 급여를 감수하며 그 고생을 했는데, 많이 안타까웠다.

"뭐 그래도 옵션은 남아 있잖아. 희망이 없는 것은 아니지!!"

"글쎄요. 행사가격이 25,000원인데, 지금 주가가 12,000원대예요."

'…'

할 말이 없었다. 만남 이후, 그 후배는 다른 업체로 이직을 했다. 회계와 재무, 상장 준비에서 상장까지 다 경험해본 재원인지라, 다른 일자리를 찾는 것이 어렵지 않았다. 상장이 끝이 아니라 아직 갈 길이 먼 이전 회사 입장에서는 대체 인원을 찾기 힘든 큰 손실이었을 것이다. 듣기로는 비단 그 후배뿐 아니라 다른 핵심인원들도 여럿 회사를 떠났다고 한다. 반토막 난 주가 때문에 휴지조각이나 다름없이 된 스톡옵션을 들고 희망 고문을 당하고 싶지 않았던 것이다.

두 번째나 세 번째 사례는 스톡옵션의 한계를 보여주는 이야기다. 100년 이상 승승장구하는 기업을 만들고 싶은 주인(주주)의 염원(?)을 충족시키는 성과보상체계를 구축하는 것이 그만큼 어려운 것이리라. 그래서 요즘 들어 스톡옵션에 대한 대체제로 부쩍 회자되는 제도가 있다. 양도제한조건부주식보상(Restricted Stock, RS)이 바로 그것이다.

간단히 설명하자면, 스톡옵션이 주식을 일정 가격에 살 수 있는 권리를 주는 것인 데 반해 RS는 일정 조건을 걸고 주식을 직접 부여하는 장기보상 제도다. 이름에서 짐작할 수 있듯이 양도에 제약 내지 조건이 걸린다. 즉, 행사제약기간 내에는 주식의 매매가 금지되고, 동 기간 내에 회사와 약속된 조건이 이행되지 못할 경우 주식 지급은 무효가 된다(RS제도에도 몇 가지 종류가 있는데, 여기에서는 상세한 설명은 생략한다).

그 외에 스톡옵션 대비 몇 가지 특징을 정리하면 다음과 같다.

구분	스톡옵션	RS
부여대상	집행임원이나 이사, 감사 등 임직원 (대주주는 제외)	특별한 제약 없음. 대주주에게도 부여 가능
부여수량	발행주식 수의 10% 이내	특별한 제약 없음.
행사가격	시가나 액면금액 중 높은 금액 (상법 340조)	회사가 주식을 무상으로 주는 것이므로, 행사가격의 개념 없음.
부여절차	주주총회 특별결의 필요 사전에 정관에 반영되어 있어야 함.	정관요건은 따로 없음. 이사회 또는 주주총회 결의 후 개별 실행(이사회 결의 후 각 부여건은 대표이사에게 위임가능)
근속요건	최소 2년	최소 근속요건 없음(다만, 회사와의 계약에 따라 유연하게 정할 수 있음).

구분	스톡옵션	RS
부여방식	신주 발행, 자기주식 양도, 차액정산 지급	자기주식으로 교부 (배당가능이익내에서 가능)
세금	차액(시가 - 행가사)에 대한 근로소득세 스타트업에 대해서는 세제혜택 있음.	부여 시 근로소득세
처분제한	처분 불가	회사와의 계약으로 부여대상자에게 처분제한 의무부과 가능

직관적으로 설명하자면, 스톡옵션은 회사의 주식을 일정가격에 살 수 있는 선택권이다. 예를 들면 미래 일정시점에 주식 1주를 5,000원에 살 수 있는 권리를 주는 것인데, 주식의 시가가 1만 원이 된다면 1만 원짜리 주식을 5,000원에 살 수 있으니 5,000원의 이익을 보는 것이다. 그렇지만 만약 시가가 3,000원이 된다면 어떻게 될까? 당연히 스톡옵션은 아무런 가치가 없어진다.

만약 주식을 받는 RS라면 어떨까? 그냥 1주를 받는 것이다. 스톡옵션은 5,000원을 줘야 살 수 있는 것이지만, RS는 회사로부터 무상으로 받는다. 만약 주가가 1만 원이 되면 1만 원만큼 이익이고, 3,000원이 된다 해도 0원이 아니라 3,000원짜리 주식은 내 손에 남는다. 주식을 받게 되는 시점은 회사와의 계약에 따라 변할 수 있다. 이를테면 3년 근속을 해야 한다는 조건이 있다면, 3년을 견뎌야 그 주식을 받게 된다.

개인에 따라 선호체계는 다를 수 있겠으나, 수풀 속의 두 마리 새보다는 내 손 안의 새 한 마리(a bird in my hand), 즉 조금이라도 불확실성이 낮은 선택지를 선호하는 것이 보다 일반적임을 감안할 때, 스톡옵션의 대체

재로서 RS의 인기를 이해하기 어렵지 않다.

RS는 개별적인 계약을 통해 부여조건을 조정할 수 있기 때문에, 주주 입장에서도 스톡옵션에 버금가는 효과를 기대할 수 있다. 이를테면 주식을 당장 주되, 최소 10년을 근속해야 처분을 할 수 있다는 조건을 건다면 RS를 부여받은 임직원도 한 사람의 주주로서 10년 후 주가가 최대치가 될 수 있도록 노력을 하리라 기대할 수 있다는 말이다.

이에 더해 자기주식을 이용해서 주식을 지급해야 하기 때문에 스톡옵션처럼 신주 발행에 따른 희석화 현상도 없다. 주주(대주주든 소액주주든) 입장에서 단기적으로 주식가치의 희석 없이, 핵심인력의 장기근속과 장기적 기업가치제고가 가능하다면 마다할 이유가 어디 있겠는가? 비단 당장 돈은 없고, 인재는 필요한 스타트업뿐 아니라 비상장사나 상장사까지도 업종에 관계없이 관심을 보일 이유가 충분히 있다.

오해는 마시라. 그렇다고 RS가 임직원의 충성도와 만족도 향상, 대리인문제 최소화와 장기기업가치제고를 위한 만병통치약(panacea)이라는 말은 아니다. 그저 최근 들어 다른 방법들에 비해 여러 가지 장점이 부각되며 각광을 받고 있는 제도일 뿐이다. 그리고 눈치챘을지 모르겠으나, 스톡옵션 대비 유연성은 RS자체의 특징도 있지만 비교적 신생(?)인지라 법규나 제도적 정비가 아직 덜 된 덕도 없지 않다.

그런데 최근 필자의 눈길을 끈 기사가 있었다. 2020년부터 관련 제도를 도입한 한화그룹의 사례와 함께 양도제한조건부주식보상(RS)이 재벌 총수 일가 경영승계에 악용될 우려가 있다는 기사와, 이와 관련해서 의결권 없는 주식을 제외한 발행주식 총수의 100분의 10 이상의 주식을 가진 주주 등에게 양도제한조건부주식을 부여할 수 없도록 하는 상법 일부 개정법률안, 즉 양도제한조건부주식보상의 경영세습악용 방지법안이 발의됐다는 기사였다.

솔직히 조금 의아했다. RS가 '재벌총수 일가 경영승계에 악용될 우려'라…. 그간 재벌 2세, 3세 등에게 경영권을 승계하는 과정에서 온갖 꼼수들이 실제로 있어 왔으니, 그 어떤 움직임도 일단 색안경을 쓰고 보게 되는 것도 이해는 된다. 그런데 어떤 식으로 악용한다는 것일까? '경영승계에 악용'이라는 표현이 성립하려면, 아버지의 소유지분을 자식대로 넘기면서 상속세나 증여세 등을 회피하는 등 절세를 넘어서는 탈세의 가능성이 전제되어야 할 것인데, RS에 탈세 여지가 있던가?

관련 기사의 주장을 요약하면, 최근 재계에 RS가 확산되는 이유로 관련된 법적 규정이 없다는 점이 꼽히는데 상법상 스톡옵션은 대주주에게는 부여할 수 없고, 발행 주식 수의 10% 이내로 수량이 제한되는 제약 요인이 있는 반면, RS는 부여 대상과 수량에 제한이 없어서 오너 일가도 얼마든지 RS를 받을 수 있다. 또한 스톡옵션은 정관에 반영하고, 주주총회 특별결의를 거쳐야 하지만, RS는 이사회 결의가 있으면 이후 개별 부여건은 대표이사에게 위임할 수 있는 등 지급절차도 간소하다. 절세 측면에서도 유리한데 그와 더불어 RS를 수령하면 소득세를 내야 하는데 현행

소득세 최고세율은 45%(지방소득세 포함 시 49.5%)이나, 상속증여세는 경영권 프리미엄 할증까지 감안 시 최대 60%까지 올라간다는 점을 지적한다. 10%의 세율차이라 결코 작다고 할 수는 없겠다.

그런데 ㈜한화(한화솔루션 등도 마찬가지다)의 최근 공시를 찾아보니 10년간의 양도제한 조건이 걸려 있는 것으로 나와 있다. 보다 자세한 계약 내용은 나와 있지 않아 모르겠으나, 만약 10년 동안 일정한 조건을 충족해야 주식의 소유권이 인정되는 것이라면 오너 일가 입장에서는 차라리 그냥 지금 현금으로 성과급을 받고, 그 돈으로 지분을 매입하는 것이 낫지 않을까?

그리고 경영권 승계자뿐만 아니라 전문경영인을 포함한 임직원에게도 적용되는 장기적 책임경영과 성과보상제도의 일환이라면 주주(특히, 소액주주)로서는 10년 제약조건의 RS제도에 반대할 이유가 적다는 생각이 든다. 앞으로 적어도 10년은 RS를 받은 임직원들과 소액주주는 한배를 타는 셈 아닌가! 주인에게는 2~3년 단기적 성과와 주가만으로 승부를 보고, 회사를 떠나가는 사람들보다는 보다 긴 호흡으로 장기적 기업가치제고를 최우선시하는 진짜 '주인의식'을 가진 임직원들이 필요하다. 과거에도 그랬고, 앞으로도 말이다.

그 어떤 제도든 완전하지는 않을 것이다. RS 관련 법규가 잘 정비되고, 장기기업가치제고를 위한 좋은 도구로 남길 기대한다.

출처 : 대기업 도입 RS제도, 경영승계 악용 소지 있을까, 〈더칼럼니스트〉, 2023. 9. 18
(https://www.thecolumnist.kr/news/articleView.html?idxno=2418)

Part IV

스타트업 EXIT의
여러 모습들

투자를 받자!
투자 유치의 기초

스타트업은 아직 사업이 본 궤도에 오르지 못해 매출액도 미미한 경우가 많다. 그래서 경영진이 하고자 하는 사업을 수행하려 하면 늘 자금 부족을 절실하게 느낄 것이다. 우수 인재도 채용하고, 그들에게 제대로 된 보수도 지급하며 함께 혁신적인 기술을 개발하고 싶을 것이다. 또한 광고와 홍보도 해서 시장과 잠재 고객들에게 널리 자사의 신제품이나 혁신적인 서비스를 알리고 싶을 것이다. 멋진 연구소에서 연구개발활동을 하고 신제품을 제조할 수 있는 시설 등도 속히 갖추고자 할 것이다. 이러한 꿈을 실행하기 위해 스타트업은 신속한 투자 유치가 간절히 필요할 것이다.

자금차입 vs 지분투자, 뭐가 더 좋지?

그럼 투자 유치는 어떤 방법으로 해야 할까? 투자 유치 방법은 크게 보면 지분투자와 자금차입(대출)으로 나눌 수 있을 것이다. 사업이 본 궤도에 진입해서 매출도 원활하게 발생하고 있다면, 지분투자를 받는 것보다 금융기관 등으로부터 자금차입을 받는 것도 괜찮은 방법이다. 또한 창업자가 개인 자산이 많아서 그 개인 자산을 회사를 위해 차입처에 담보로 제공하고, 자금차입을 할 수도 있을 것이나 그러한 방법은 창업자에게 큰 부담이므로 선뜻 내키지 않을 것이다.

만약 담보로 제공할 수 있는 창업자 개인 자산도 미미하고, 스타트업의 영업이 본 궤도에 올라가기에는 아직 갈 길이 멀다면 기술보증기금과 신용보증기금의 보증을 활용해서 차입을 하거나 중소벤처기업진흥공단의 정책자금대출을 받는 것도 하나의 방법이다. 하지만 보증기금의 보증에 힘입어 자금차입하는 것은 이자비용 지출 부담도 있고 원금상환의 압박도 이겨내야 한다. 그래서 스타트업에서 투자를 유치하는 것은 대부분 지분투자를 받는 방법이다. 즉, 스타트업의 지분 중 일부를 투자자에게 제공하고 자금을 유치하는 방법이다.

우리 기업에 맞는 투자자를 찾아보자

스타트업의 지분에 투자하는 투자자는 매우 다양하므로 스타트업이 투자 유치를 계획한다면 스타트업의 업력, 영업 활성화 정도, 투자 자금

사용목적 등 제반 상황을 고려해서 적절한 투자자를 선정하는 것이 중요하다. 다음 표는 다양한 투자자에 대한 개략적인 설명이다.

투자자 구분	설명
엔젤 투자자	• 개인 엔젤 • 크라우드 펀딩 : 스타트업 등이 인터넷 등 온라인상에서 집단지성을 활용해 자금모집을 중개하는 자(온라인 소액 투자 중개업체)를 통해 자신의 아이템이나 사업계획을 제시하고 이에 공감하는 불특정 다수의 소액 투자자로부터 사업자금을 조달하는 것 • 엔젤 클럽 : 엔젤 네트워크. 다수의 개인들이 그룹을 형성해서 진행하는 엔젤 투자
액셀러레이터 (ACCELERATOR)	창업기획자라고 하며, 스타트업에게 전문보육(인프라 지원, 마케팅, 자금조달, 멘토링 등)을 제공해서 스타트업의 신속한 발전을 지원하고, 영리 목적으로 자본 투자도 실시하며, 데모데이를 통한 후속 투자도 지원함. 개인투자조합을 결성할 수 있고, 추가적인 요건 충족 시 벤처투자조합을 결성할 수 있음
벤처캐피털	• 고도의 기술력과 장래성은 있으나 경영기반이 약해 일반 금융기관으로부터 융자받기 어려운 벤처기업에 무담보 주식 투자 형태로 투자하는 기업이나 그러한 기업의 자본 • 여신전문금융업법상 신기술사업금융전문회사('신기사')와, 벤처투자 촉진에 관한 법률상 중소기업창업투자회사('창투사'), 유한책임회사(Limited Liability Company) 등 • 하이 리스크 하이 리턴(High-risk high-return)을 지향
공공기관	신용보증기금, 기술보증기금, 한국벤처투자(KVIC)
기타	• 일반 기업 • 금융기관 : 은행, 증권사, 보험사, 캐피털, 자산운용사 등

한편 투자자를 그 투자 목적에 따라 재무적 투자자와 전략적 투자자로 구분하기도 한다.

투자자 구분	설명
재무적 투자자 (Financial Investor, FI)	• 사업권 획득을 목적으로 하지 않고, 투자금에 대한 배당과 원리금 수익을 목적으로 투자하는 투자자로서 수익률을 중시함 • 사모펀드(PEF), 자산운용사, 시중은행, 보험사, 국민연금 등 공적 기관들이 포함됨
전략적 투자자 (Strategic Investor, SI)	• 경영권 확보를 목적으로 기업가치와 사업가치 극대화를 목표로 투자함 • 단기 투자 수익을 노리지 않고 장기성과 및 사업 시너지 효과를 목표로 하는 투자자 • 통상 피투자기업과 업종이 유사하거나 시너지 효과를 불러올 수 있는 기업이 전략적 투자를 실시함

투자받는 절차

투자자와 피투자기업이 서로 합의해 투자가 완료되기까지 기간과 투자받는 절차는 스타트업의 상황에 따라 다양할 것이다. 단독 투자자인지 공동 투자자인지 여부, 피투자회사의 사업이 초기 단계인지 아니면 매출이 활성화된 단계에 속하는지 여부, 투자 금액의 대소 여부 등에 따라 투자받는 기간과 절차는 상이할 것이다. 그러므로 여기서는 통상적으로 진행되는 투자 절차에 대해 짚어 보기로 하자.

단계 구분	절차	비고
투자 상담	경영진과의 사전 미팅	여러 차례 미팅을 진행해서 스타트업 사업에 대한 이해도 제고
	IR 피칭	사업 내용을 세부적으로 검토하는 단계. 투자자 입장에서 작성된 IR 자료 제시
투자심의위원회 '투심위'	투자 심사 보고서 작성	요약정보, 시장과 회사의 현황과 분석, 비즈니스 모델, 재무분석, 팀, 투자 구조와 조건, 투자금 회수 방법, 관련 의견 등
	예비 투자 심사	

단계 구분	절차	비고
투자심의위원회 ('투심위')	실사(Due Diligence)	피투자회사에 관한 재무상황을 포함해 일반적 사항, 사업, 조직, 무형재산, 지분 구조 등을 실사
	본 투자 심사	
계약체결 및 마무리	계약서 검토와 조건 협상	Term sheet 작성해 주요 계약내용 확인
	투자 계약 체결 및 법적절차 진행	
	투자금 납입	

실사(實査, Due Diligence)를 잘 받으려면 무엇을 준비해야 할까?

투자받는 절차 중 투자 심사 단계에서는 '실사' 과정을 거친다고 말했다. 투자자는 투자 계약서에 인감을 날인하기 전에 피투자회사에 대한 모든 상황을 완전히 이해하고, 잠재적인 위험요소를 파악하고자 할 것이다. 비록 피투자회사가 IR 자료와 기타 회사를 소개하는 서류 및 다수의 회의를 통해 투자자에게 다양한 정보를 제공하지만 투자자는 이러한 정보에 대해 깊이 파악하고, 직접 확인한 후 투자 계약을 체결하고 싶을 것이다. 이를 위해 투자자는 피투자회사의 여러 가지 측면에 대한 실사를 수행한다. 실사는 다음과 같이 여러 측면의 실사가 가능할 것이며 투자 유치를 원하는 피투자회사는 이에 대해 미리미리 충실한 대비를 하면 좋을 것이다.

실사 분야	실사할 주제	구체적인 실사 항목
일반사항	기초자료	• 법인등기부등본, 사업자등록증, 취업규칙, 정관 등 • 주총의사록, 이사회의사록 등 • 주주명부 • 특수관계자 목록 및 특수관계자 간 지분 구조 등 • 회사 연혁, 사업내용 소개자료 • 본사, 지점, 공장 소개자료
	핵심인력	• C-level 인사 소개자료(핵심역량과 주요 이력 등) • 임원에 대한 보상 정책
산업 관련	시장	• 시장의 규모, 시장의 변화(과거, 현재, 미래) 등
	경쟁상황	• 경쟁사 목록, 경쟁사별 장단점과 시장 점유율 등
	산업규제	• 관련 법규 • 진입장벽, 정부 규제(면허, 허가) 등
인사·조직	인사	• 부서별 인원 현황 • 보상정책, 복리후생제도 등 • 노동조합 소개자료
	조직	• 조직도와 부서별 업무분장 • 위임전결규정 • 내부통제제도
재무자료	공시된 자료	• 사업보고서, 감사보고서 등
	내부 자료	• 사업계획서 • 결산서, 주요 자산 목록(유무형자산 목록 등), 제조원가명세서 등 • 우발채무와 계류 중인 소송사건
계약사항	영업 관련 계약	• 원재료 공급계약, 판매계약, 보험계약, 라이선스 및 프랜차이즈 계약, 임대차계약서 • 임원 위촉계약서
	차입 관련 계약	• 차입약정서 • 담보제공자료나 제공받은 보증 내용
	노사 관련 계약	• 노사합의서 • 퇴직연금계약 • 복리후생 관련 내부 규정

실사 분야	실사할 주제	구체적인 실사 항목
제조공정과 판매	구매	• 주요 원재료 조달 방법, 원재료 가격 추이 • 주요 원재료 대금 결제 방법
	생산	• 생산시설과 생산능력 • 공장 입지와 기술 수준 등 • 품질관리 능력
	R&D	• 연구개발 인력 • 연구개발 현황과 연구개발 조직의 능력
	판매	• 제품별 현재 고객 및 잠재 고객 • 유통 및 물류 조직, 판매 방법 • 판매대금 회수 방법 • 제품별 판매고, 가격 정책, 브랜드 정책 등
세무	기본자료	• 법인세 세무조정계산서 • 최근 부가가치세 신고자료 • 국세 및 지방세 완납증명서
	기타	• 이월결손금 내역 • 가지급금 인정이자 등 주주나 임원 관련 세무 이슈 • 직전 세무조사 내용 • 향후 세무조사에서 예상 이슈 • 부동산 관련 조세 이슈 등

난해한 투자 계약서 쉽게 이해하기

실사절차를 거치고 투자 계약 조건들에 대해 검토과정을 마치고, 주요 계약조건들이 투자자와 피투자회사 간에 원만하게 합의되면 드디어 투자 계약서를 작성한다. 그런데 이 과정에서 우리는 투 자계약서에 포함된 다수의 생소한 법률적 용어를 만나게 된다. "투자금만 잘 받으면 되지, 투자 계약서는 알아서 잘 작성했으려니" 하는 안일한 생각은 금물이다. 생소하더라도 투자 계약서에 자주 등장하는 주요 어휘 중 이해할 필요가 있는 것들을 미리 공부해두면 추후 투자 계약서 작성 단계에서 유용할 것이다.

이해관계인

투자 계약을 체결한 이후 얼마 지나지 않아 피투자기업의 핵심 인재들이 퇴사한다면 투자자 입장에서는 난감할 것이다. 이를 방지하기 위해서 투자 계약 체결 시 피투자기업의 대주주, 대표이사 또는 핵심인력(C-level, CTO, CFO 등)을 '이해관계인'이라고 해서 투자 계약 당사자로 포함하고, 투자자에 대해 여러 가지 의무와 책임을 부담하도록 하는 것이다. 투자자는 이해관계인을 투자 계약의 당사자로 포함함으로써 대표이사 등 경영자의 모럴 해저드나 불법행위 등으로 피투자회사 경영에 차질이 발생하는 것을 예방할 수 있다. 통상적으로 투자 계약의 조건들을 보면, 이해관계인에게는 경업금지의무가 부과되고 투자 후 일정기간 내 퇴사가 제한된다. 또한 이해관계인은 투자자의 사전 동의 없이 보유 주식을 처분(양도, 이전, 담보제공 등)을 할 수 없다. 대부분의 투자 계약에서는 이해관계인의 고의 또는 중과실에 의해 피투자회사가 투자 계약을 이행하지 못하게 되거나 이해관계인이 투자 계약을 고의 또는 중과실로 위반한 경우에는 이해관계인도 피투자회사와 함께 투자 계약상 책임을 부담하도록 하고 있다.

투자의 선행조건

투자자가 투자금을 납입하기 전까지 피투자회사가 이행해야 하거나 준수해야 하는 조건들을 '선행조건'이라고 하며, 피투자회사는 투자 유치 단계부터 미리 선행조건이 모두 충족되고 있는지를 체크해봐야 한다. 투자 계약 체결 시 주요 선행조건들은 다음과 같은 것들이 있다.

- **회사 및 이해관계인이 본 계약에 따라 이행하여야 할 의무를 이행하**

였을 것

- 회사 및 이해관계인이 본 계약에서 행한 진술과 보장이 진실되고 정확할 것
- 본 계약에 따라 투자자가 인수하기로 예정된 본건 신주의 발행을 금지하거나 제한하는 등 본 계약의 이행을 방해하는 소송 또는 기타의 절차(행정절차, 감사 등 포함)가 진행 중이거나 진행될 우려가 없을 것
- 회사가 본 계약의 이행과 관련하여 필요한 정부의 인허가 등을 획득하였을 것
- 회사가 본 계약의 이행과 관련하여 필요한 제3자의 동의 등을 획득하였을 것
- 회사가 본 계약의 이행과 관련하여 필요한 관련 법령의 절차(상법 제418조 등) 및 회사 내부 절차(정관 및 내부규칙 변경, 주주총회 결의, 이사회 결의 등 포함)를 이행하였을 것
- 회사가 투자자의 동의 없이 정관 및 내부규칙을 변경하거나 투자자와 협의 없이 이사회 결의, 주주총회 결의를 하지 않았을 것
- 회사가 본 계약의 체결 이후 자본구조, 경영상태, 재무상황의 통상적이지 않은 변동 내지 부정적 변동, 통상적인 영업활동에서 벗어난 행위가 없을 것
- 회사가 이해관계인 및 이해관계인이 아닌 경업금지의무자로부터 퇴사제한 및 경업금지 약정서에 서명날인을 받아 투자자에게 교부할 것

진술과 보장(Representations & Warranties)

거액을 투자하는 투자자 입장에서는 투자금을 납입하기 직전까지 피

투자기업의 모든 상황을 완전하고 정확하게 파악하고 싶을 것이다. 그래서 투자자는 투자 전에 실사를 다각도로 실시하지만, 피투자기업에 대한 완벽한 사실을 모두 파악하기는 불가능에 가깝다. 그래서 계약에서 일정한 사항을 피투자기업에게 진술하게 하고, 만약 진술한 사실이 진실이 아닐 경우 피투자기업이 진술을 통해 보장한 내용대로 책임을 지도록 하는 조항이 '진술과 보장' 조항이다. 진술과 보장은 주로 M&A 계약에서 매도인에게 대상 기업의 재무상태, 자산과 부채, 계약, 노조와 고용 문제, 소송 (특히 피소당한 소송) 및 조직구조에 관한 사항을 진술 및 보장하게 하는 방법으로 이용된다. 진술과 보장 조항과 관련해서 투자자는 가능한 그 대상을 폭넓게 설정하고 그 범위도 넓힐 것을 요구하고, 피투자기업은 이를 가능하면 협소하게 만들어 자신의 책임을 낮추려고 할 것이다.

상환전환우선주(Redeemable Convertible Preferred Stock, RCPS)

투자자는 피투자회사의 보통주에 투자하기도 하지만, 투자금을 보다 안전하게 회수하기 위해서 상환전환우선주라는 형태로 투자를 많이 한다. 상환전환우선주는 상환청구권과 전환청구권이 투자자에게 부여된 우선주다. 상환청구권이라 함은 투자자가 사전에 정한 조건이 만족되는 경우 일정 기간 내에 상환전환우선주의 상환을 피투자회사에 청구할 수 있는 권리다. 전환청구권은 투자자가 사전에 약정된 비율로 보통주로 전환할 수 있는 권리를 의미한다. 일반적인 투자 계약서에는 전환권에 관한 사항과 상환권에 관한 사항을 상세하게 규정하고 있다. 즉, 상환전환우선주는 피투자회사의 청산이나 배당 시 잔여재산 분배나 배당금 분배에 있어서 보통주보다 우선권을 가지며, 채권과 비슷하게 투자금을 상환 청구도 할 수 있고, 우선주를 보통주로 전환 청구도 할 수 있다. 물론 상환전환우선주의 배당우선권과 상환권은 피투자기업의 이익범위(상법상 배당 가능한 이익의 범위) 내에서만 행사할 수 있으므로 피투자기업에 배당 가능한 이익이 없으면 배당우선권과 상환권을 행사할 수 없을 것이다.

전환사채(convertible bond)

사채는 회사채(會社債)의 준말로서, 회사가 일반 대중에게 자금을 모집하려고 대량으로 발행하는 채권으로서 주로 시설자금과 같은 장기성 자금을 조달할 때 발행한다. 이러한 사채에 보통주로 전환할 수 있는 권리(전환권)가 부여된 것이 전환사채다. 보통주로의 전환 전에는 사채로서의 확정이자(약정된 액면이자)를 받을 수 있고, 전환 후에는 주식으로서의 이익을 얻을 수 있는 채권인 것이다. 전환권이 부여되어 있는 반면 확정이자는 일반사채에 비해 작다. 전환사채 투자자는 투자 후 피투자기업의 성과가 성공적이지 못하면 사채권의 상환을 요청하고, 피투자기업의 성과가 우량하다면 정해진 가격으로 보통주로 전환할 수 있다.

컨버터블 노트(convertible note)

우선 투자하고 향후 성과가 나왔을 때 전환가격을 결정하는 오픈형 전환사채다. 전환사채와 같이 보통주로 전환할 수 있는 전환권이 존재한다. 전환사채는 발행시점에서 전환가액 및 전환조건이 명시되어 있으나, 컨버터블 노트의 경우 다음 후속 투자가 결정되면 그때 산정된 기업가치에 따라 전환가액이 달라진다. 후속 투자 유치가 불발되거나, 후속 투자유치가 성사되더라도 투자자가 원하는 경우에는 원금과 사전에 정한 이자율만큼의 금원을 투자자에게 반환할 의무가 있다.

우선매수권(right of first refusal)

통상적인 투자 계약서를 보면 투자자의 우선매수권에 대한 조항이 포함되어 있다. 만일 이해관계인이 피투자회사 주식의 전부 또는 일부를 처분하고자 하는 경우, 이해관계인은 양도하고자 하는 지분을 제3자에게 매각, 양도 또는 이전하고자 한다는 요지의 취지, 당해 제3자의 신원, 양도주식수, 주당 양도가액, 양도예정일 및 기타 주요 양도 조건을 명시해서 양도 예정일로부터 특정 시점 이전에 투자자에게 서면 통지해야 한다. 이때 이해관계인은 투자자에게 동일한 조건으로 우선해서 매수할 수 있는 권리, 즉 '우선매수권'을 보장해야 한다. 만약 투자자가 이해관계인이 제시한 권리를 행사하지 않거나, 이해관계인이 제시한 기한 내에 권리 행사 여부에 대한 의사 표현을 하지 않을 경우 이해관계인은 제3자가 제시한 가격 또는 조건 또는 그것보다 좋은 조건으로 누구와도 계약을 체결할 수 있다. 통상적인 투자 계약서에는 만약 이해관계인이 투자자에게 우선매수권을 보장하지 않을 경우 피투자회사의 주식을 일부라도 처분할 수 없다라는 조항이 포함되어 있다.

공동매도참여권(tag-along right/co-sale right)

통상적인 투자 계약서에는 공동매도참여권이 등장하는데, 이 권리는 만일 이해관계인이 피투자회사 주식의 전부 또는 일부를 처분하고자 하는 경우, 이해관계인은 투자자에게 동일한 조건으로 지분비율에 따라 함께 매도할 수 있는 권리를 말한다.

만일 이해관계인이 피투자회사 주식의 전부 또는 일부를 처분하고자 하는 경우, 이해관계인은 양도하고자 하는 지분을 제3자에게 매각, 양도 또는 이전하고자 한다는 요지의 취지, 당해 제3자의 신원, 양도주식수, 주당 양도가액, 양도예정일 기타 양도의 주요 조건을 명시해서 양도예정일로부터 특정 시점 이전에 투자자에게 서면 통지해야 한다. 이때 이해관계인은 투자자에게 동일한 조건으로 지분비율에 따라 함께 매도할 수 있는 권리, 즉 공동매도참여권을 보장해야 한다. 만약 투자자가 이해관계인이 제시한 권리를 행사하지 않거나 이해관계인이 제시한 기한 내에 권리 행사 여부에 대한 의사 표현을 하지 않을 경우 이해관계인은 제3자가 제시한 가격 또는 조건 또는 그것보다 좋은 조건으로 누구와도 계약을 체결할 수 있다.

우선매수권과 마찬가지로, 통상적인 투자 계약서에는 만약 이해관계인이 투자자에게 공동매도참여권을 보장하지 않을 경우 피투자회사의 주식을 일부라도 처분할 수 없다라는 조항이 포함되어 있다.

동반매도요구권(drag-along right)

동반매도요구권은 투자자가 피투자회사의 주식을 매각할 때 피투자회사의 대주주 또는 다른 주주의 주식도 동일한 조건으로 동반 매도할 수 있도록 하는 권리다. 투자자 입장에서 보면 투자자가 피투자회사 주식을 매도해서 투자금을 회수하려고 할 때, 투자자들의 지분과 함께 대주주 또는 다른 주주들의 주식도 함께 매각할 수 있기 때문에 경영권 프리미엄에 대한 대가까지 포함해서 높은 가격에 주식을 매각할 수 있게 되어 투자자에게 유리한 상황이 된다. 그러나 동반매도요구권은 피투자회사의 주주들에게는 불리한 점이 있으므로 이를 투자 계약서에 포함하기 위해서는 투자자와 협상이 필요할 것이다.

투자 계약 위반 시 위약벌(違約罰)

일반적인 투자 계약서를 보면, 투자 계약 조건을 피투자회사가 이행하지 못하거나 지키지 못한 경우를 대비해서 위약벌 조항을 포함하고 있다. 위약벌이란 계약 위반 시 손해를 배상하는 것과 별도로 계약 위반 자체에 제재를 가하기 위해 계약상대방에게 벌금 성격으로 지급해야 하는 것을 의미한다. 위약벌과 유사한 단어로서 위약금이 있는데 이는 계약 위반 시 계약상대방에게 지급해야 하는 손해배상액을 사전에 정해두고 계약 위반이 발생하면, 사전에 정해진 손해배상액을 청구할 수 있도록 한 금액이다. 이러한 위약금과 별도로 위약벌은 계약이행을 강제하기 위해서 계약을 위반할 경우 벌금의 성격으로 일정 금액을 지급하기로 정한 것을 가리킨다. 설령 다소 과다해 보이는 금액을 위약벌로 지급하기로 계약서에 약정했더라도 감액의 여지가 없고, 전부 지급해야 하는 것이 원칙이라는 점을 피투자회사는 유의해야 한다.

우리 회사 주식
상장하기

유망한 스타트업의 지분에 투자를 한 투자자들은 되도록 빠른 시간 내에 지분을 매각해서 투자금의 몇 배 또는 몇 십 배에 상당하는 수익을 거두기를 원한다. 투자자들이 투자 이후 소기의 성과를 거두고 투자금을 회수하는 것을 소위 'EXIT한다'라고 표현하기도 하는데, 투자를 받은 피투자회사의 창업자와 주주들도 투자자와 함께 대박 성과가 나기를 희망할 것이다. 투자자들의 투자금 회수 방법에는 피투자회사의 지분을 제3자가 인수하는 M&A도 있으나 코스닥시장이나 코넥스시장에 지분을 상장하는 방법도 있다. 이렇게 피투자회사 지분이 처음으로 공개시장에 상장되어 거래되는 것을 IPO(Initial Public Offering)라고 부른다. 다음에서는 코스닥시장과 코넥스시장 상장절차에 대해 알아보기로 하자.

먼저 코스닥시장 상장에 대해 개략적으로 알아보자.

코스닥시장에 주식을 IPO 할 때 주요 요건을 일반기업(벤처 포함)과 기술성장기업으로 구분해서 표로 정리하면 다음과 같다.

(2019. 4.1 7 개정규정 기준)

구분	일반기업(벤처 포함)		기술성장기업	
	수익성·매출액 기준	시장 평가·성장성 기준	기술 평가 특례	성장성 추천
주식 분산 (택일)	• 소액주주 500명 & 25% 이상, 청구 후 공모 5% 이상(소액주주 25% 미만 시 공모 10% 이상) • 자기자본 500억 원 이상, 소액주주 500명 이상, 청구 후 공모 10% 이상 & 규모별 일정 주식수 이상 • 공모 25% 이상 & 소액주주 500명			
경영성과 및 시장 평가 등(택일)	• 법인세차감전계속사업이익 20억 원 [벤처 : 10억 원] & 시총 90억 원 • 법인세차감전계속사업이익 20억 원 [벤처 : 10억 원] & 자기자본 30억 원 [벤처 : 15억 원] • 법인세차감전계속사업이익 있을것 & 시총 200억 원 & 매출액 100억 원 [벤처 : 50억 원] • 법인세차감전계속사업이익 50억 원	• 시총 500억 원 & 매출 30억 원 최근 2사업연도 평균 매출증가율 20% 이상 • 시총 300억 원 & 매출액 100억 원 이상 [벤처 : 50억 원] • 시총 500억 원 & PBR 200% • 시총 1,000억 원 • 자기자본 250억 원	• 자기자본 10억 원 • 시가총액 90억 원 전문평가기관의 기술 등에 대한 평가를 받고 평가결과가 A등급 & BBB등급 이상일 것 (외국기업의 경우 A등급 & A등급 이상일 것)	상장주선인이 성장성을 평가해서 추천한 중소기업일 것
감사의견	최근 사업연도 적정의견			
경영투명성 (지배구조)	사외이사, 상근감사 충족			
기타 요건	주식 양도 제한이 없을 것 등			
질적 요건	기업의 성장성, 계속성, 경영의 투명성 및 안정성, 기타 투자자 보호, 코스닥시장의 건전한 발전, 업종별 특성, 고용창출효과 및 국민경제적 기여도 등을 종합 고려			

출처 : 한국거래소(이하 동일)

코스닥시장 상장절차는 어떤 단계를 거치는가

코스닥시장에 주식을 상장할 때는 다음과 같은 복잡한 과정을 거쳐야 한다.

절차 구분	주체	비고
외감법에 의한 외부감사 (지정감사인 지정)	발행사, 금융감독원 (이하 금감원, 회계법인)	금융감독원 회계제도실
대표주관계약 체결	발행사, 증권사	금융투자협회 자율규제 기획부에 계약서 등 제출 (체결일로부터 5영업일 이내)
정관 정비 및 사전준비 기업실사 및 발행가액 분석자료 준비	발행사, 증권사	표준 정관으로 개정 회사의 재무사항, 영업활동, 지배구조 및 내부통제제도 등에 대해 기업실사를 수행
명의개서대행기관 선정	발행사	국민은행, 하나은행, 한국예탁결제원
주권가쇄계약	발행사, 가쇄소	
예비심사청구서 제출	발행사, 증권사	
예비심사청구서 검토	코스닥시장본부 상장심사팀	
청구기업 심의	코스닥시장상장위원회	상장위원회 상정
예비심사 승인	코스닥시장본부	
증권신고서 제출	발행사, 감독원	
발행가액 결정	발행사, 증권사	
증권신고서 효력발생		수리 후 15일
청약	증권사	
배정	증권사	
신규상장 신청	발행사, 증권사	
증자 등기	발행사	
코스닥상장 승인	코스닥시장본부	
매매 개시	코스닥시장본부	

기술성장기업 성장특례란?

전문평가기관 중 2개 기관의 기술평가 결과가 일정등급 이상일 경우 기술성장기업으로 상장예비심사청구자격이 부여된다. 기술성장기업 상장특례 대상기업은 일반·벤처기업 대비 일부 외형요건이 면제 또는 완화되는데 이를 비교하면 다음과 같다.

구분	일반기업(벤처 포함)		기술성장기업	
	수익성·매출액 기준	시장 평가·성장성 기준	기술 평가 특례	성장성 추천
주주 등 지분의 매각 제한	상장 후 6월		상장 후 1년	
경영성과 및 시장 평가 등(택일)	• 법인세차감전계속 사업이익 20억 원 [벤처 : 10억 원] & 시총 90억 원 • 법인세차감전계속 사업이익 20억 원 [벤처 : 10억 원] & 자기자본 30억 원 [벤처 : 15억 원] • 법인세차감전계속 사업이익 있을것 & 시총 200억 원 & 매출액 100억 원 [벤처 : 50억 원] • 법인세차감전계속 사업이익 50억 원	• 시총 500억 원 & 매출 30억 원 최근 2사업연도 평균 매출증가율 20% 이상 • 시총 300억 원 & 매출액 100억 원 이상 [벤처 : 50억 원] • 시총 500억 원 & PBR 200% • 시총 1,000억 원 • 자기자본 250억 원	• 자기자본 10억 원 • 시가총액 90억 원	
			전문평가기관의 기술 등에 대한 평가를 받고 평가결과가 A등급 & BBB등급 이상일 것 (외국기업의 경우 A등급 & A등급 이상일 것)	상장주선인이 성장성을 평가하여 추천한 중소기업일 것

앞에서 코스닥시장 상장에 대해 공부했으니 이제 코넥스시장 상장에 관해 알아보자. 코넥스시장 상장요건 심사는 외형요건 심사와 질적요건 심사로 나뉜다. 코넥스시장 심사 요건을 보면 매출액이나 순이익 등 재무요건을 적용하지 않고 있는데, 이는 성장 초기 단계에 있는 중소벤처기업이 원활하게 코넥스시장에 상장할 수 있도록 하기 위함이다.

[코넥스시장 진입요건 : 외형요건]

구분	내용	비고
중소기업 여부	중소기업기본법 제2조에 따른 중소기업에 해당될 것	
지정자문인	지정자문인(인수업 인가를 받은 금융투자회사) 1사와 선임계약을 체결할 것	특례상장은 제외
주식 양도 제한	주식의 양도제한이 없을 것 다만, 법령 또는 정관에 의해 제한되는 경우로서 그 제한이 코넥스시장에서의 매매거래를 저해하지 않는다고 인정되는 경우는 예외	
감사의견	최근 사업연도 감사의견이 적정의견일 것	증권선물위원회에 의한 감사인 지정 및 한국채택 국제회계기준 적용의무는 면제
액면가액	100원, 200원, 500원, 1,000원, 2,500원, 5,000원 중 하나일 것	액면주식에 한함

코스닥시장 상장절차와 비교할 때 특이한 점으로, 코넥스시장 상장절차에서는 지정자문인이 등장한다. 지정자문인은 기업에게는 코넥스시장 상장 및 상장유지를 지원하는 후견인 역할을 수행하고, 투자자에게는 코

넥스시장의 완화된 규제를 보완하는 역할을 담당한다. 따라서 코넥스시장 상장법인은 상장기간 동안 지정자문인과 선임계약을 체결하고 유지하는 것이 상장조건이 된다. 지정자문인은 코넥스시장의 핵심 요소로 높은 성장성과 우수한 기술력을 보유한 초기 중소·벤처기업을 발굴해서 상장을 지원하고, 공시 및 신고 대리, 자본시장법규 준수에 대한 자문·조언·지도, 기업현황보고서 작성 및 주식의 유동성공급업무 등을 담당함으로써 기업의 상장의무이행 활동을 지원한다.

코넥스시장 상장절차는 어떤 것이 있는가?

유가증권시장 및 코스닥시장의 상장절차와 다르게, 코넥스시장에서는 공모 이외에 사모(50인 이하 자를 대상으로 자금조달), 직상장(자금조달 없이 상장신청일 현재 주식만을 상장) 등 다양한 상장 방법이 허용되고 있다.

다음은 유가증권시장 및 코스닥시장과 코넥스시장 상장절차를 비교한 표다.

유가·코스닥		코넥스	
사전 준비	감사인지정	일반상장 & 직상장의 경우	
	외부검사	지정자문인 선임계약체결	사전 준비
	대표주관계약 체결	외부 감사	
	기업 실사	기업 실사	
	▼	상장적격성 보고서 작성	
D	상장예비심사청구	▼	
D+1~45	상장예비심사 및 심의		
	상장예비심사 결과통보	▼	
D+89, 90	수요예측실시	▼	
D+92	공모가격 최종결정	▼	
D+98	신규상장신청	신규상장신청	D
D+102	신규상장 승인 통보 및 공시	신규상장 승인	D+10
D+105	매매거래 개시	매매거래 개시	D+15

코스닥시장이든 코넥스시장이든, 특정 회사의 주식을 상장시킨다는 것은 여러 단계를 거쳐야 하는 지난한 과정임을 알 수 있다. 그만큼 상장시키려는 주식을 발행한 기업에 대해 다양한 시장 참여자들이 아무런 의심 없이 투자를 할 수 있어야 하기 때문일 것이다. 비록 시간도 오래 걸리고 수많은 단계를 거쳐야 주식 상장에 성공하겠지만 주변에서 지원해주

는 조력자들의 도움을 받아서 한 단계씩 나아가다 보면 결국 우리 회사 주식도 상장에 성공할 수 있을 것이다. 코스닥시장과 코넥스시장 진입 요건을 세부적으로 파악해서 하나씩 준비해 나간다면 우리 회사도 IPO를 통한 자금조달에 성공해서 회사의 비약적 발전을 도모할 수 있을 것이다. 이 글을 읽는 모든 스타트업 관계자들에게 그러한 날이 속히 도래하기를 빈다.

상장을 폐지하는 사연

샘 킴은 외부감사인으로부터 회계감사를 받으면서 비로소 재무결산에 대해서 어느 정도 감이 생긴 것 같았다. 다행히 적정의견을 받고 감사인으로부터 받은 지적사항을 통해 한 번 더 성장할 수 있었다. 2022년 금융감독원 통계를 보니, 상장법인 2,500여 개 상장법인 중 적정의견을 받지 못한 회사가 53개사로 한정의견은 7개사, 의견거절은 46개사에 이른다고 한다. 상장회사의 경우 주주, 대출을 실행한 금융기관, 거래처 등을 비롯해 수많은 이해관계자가 있어 감사보고서에 적정의견을 표명하지 않은 경우 상장회사는 회사경영에 있어 어떠한 영향을 받게 될지 궁금했다.

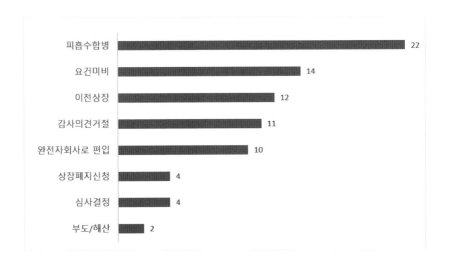

피흡수합병	22
요건미비	14
이전상장	12
감사의견거절	11
완전자회사로 편입	10
상장폐지신청	4
심사결정	4
부도/해산	2

2023년 초부터 2024년 3월 말까지 발생한 상장폐지 원인에 대해 살펴보면, 주주와 경영진의 의사결정으로 피흡수합병이나 이전상장, 완전자회사로 편입 등의 이유로 상장폐지가 된 경우가 많은 비중을 차지한다. 이 외에 상장예비심사 청구서 미제출로 관리종목 지정 후 1개월 이내 해결되지 못해 요건미비되거나 감사의견거절로 인해 상장폐지된 건도 눈에 띈다.

상장을 폐지한다는 의미

상장폐지란 한국거래소에 상장된 증권이 매매대상 유가증권으로서의 적격성을 상실해서 상장 자격이 취소되는 것이다. 즉, 대한민국의 경우 코스피(유가증권)시장, 코스닥시장, 코넥스시장에서 퇴출되면 상장폐지가 된 것이다.

상장폐지가 되면 유가증권시장과 코스닥시장 등 공개 시장에서 회사가 발행한 주식이 더 이상 거래되지 않고 장외에서만 거래가 가능하다. 거래가 된다고 하더라도 비자발적인 상장폐지의 경우 이미 시장에서 신뢰를 잃은 주식이므로 헐값에 거래되는 경우가 많고, 거래량이 현저히 감소하게 된다.

상장이 폐지되어 비상장 주식으로 전환되면 해당 주식을 사고팔 때, 세부적으로도 불이익이 있다. 장외거래는 상장된 주식의 거래가 아니므로 주식 처분 시에 양도차익에 대해서 양도소득세가 과세된다.

상장폐지에는 여러 가지 요건이 있으나 감사보고서가 적정의견을 받지 못해 상장폐지된 경우는 회사가 기업회계기준을 지키지 않았다거나 계속기업으로서의 문제가 발생한 것을 의미하기 때문에 투자자들에게는 팔고 나가야 한다는 신호로 비칠 수 있다. 상장폐지에는 크게 자발적 상장폐지와 비자발적 상장폐지가 있는데, 먼저 일반적인 경우인 비자발적 상장폐지에 대해 알아보자.

억지로 떠밀려서 상장폐지 당하다 : 비자발적 상장폐지

비자발적 상장폐지는 다음의 이유로 일어나며 다음의 3가지 절차를 거쳐 진행된다.

- (Case 1) **형식적 요건 미달로 관리종목 지정 후 해당 사유를 해소하지**

못해 상장폐지

- (Case 2) **즉시 퇴출사유에 해당해 관리종목으로 지정되지 않고 즉시 시장에서 퇴출**

- (Case 3) **상장 적격성 실질심사를 통해 기업의 계속성, 경영투명성 및 기타 공익과 투자자 보호 등을 종합적으로 고려 후 상장폐지**

유가증권(코스피)시장과 코스닥시장의 비자발적 상장폐지 사유

상장폐지 사유		유가증권시장	코스닥시장
형식적 요건 미달	공통 사유	(감사보고서 미제출) 관리종목으로 지정된 후 법정제출기한 이내에 미제출 (한정의견) 2년연속 감사보고서상 감사의견이 한정의견인 경우 (공시의무위반) 관리종목 지정 후 1년간 공시위반 벌점 15점 이상인 경우 (주식분산미달) 일반주주 수가 200명 미만으로 관리종목으로 지정된 후 2년 연속 그 상태가 지속될 경우 (지배구조미달) 2년 연속 사외이사 수 미달 또는 감사위원회 요건 미충족 (파산/해산) ① 관리종목 지정 후 법원의 회생절차 개시신청 기각, 결정취소, 회생계획 불인가 또는 회생절차폐지결정 ② 관리종목 지정 후 법원의 파산선고 결정	
	주식 분산 미달 (개별) 거래량 미달	•일반주주의 지분율이 10% 미만으로 관리종목으로 지정된 후 2년 연속 지속 •2반기 연속 반기 월평균 거래량이 유동주식수의 1% 미만인 경우	•일반주주의 지분율이 20% 미만으로 관리종목으로 지정된 후 2년 연속지속 •2분기 연속 월평균거래량이 유동주식수의 1% 미만인 경우
	주가/ 시총 미달	•주가/시가총액 미달로 관리종목 지정 후 90일 이내 관리지정사유 미해소	•주가/시가총액 미달로 관리종목 지정 후 90일 간 연속 10일, 누적 30일 시가총액 40억 원 이상의 조건을 미충족
즉시 퇴출 가능		•최근 사업연도의 감사보고서 또는 연결감사보고서상 감사의견이 부적정 또는 의견거절인 경우 •최근 사업연도 사업보고서상 자본금 전액 잠식인 경우 •최종 부도 또는 은행거래정지	

상장폐지 사유		유가증권시장	코스닥시장
즉시 퇴출 가능		• 법률에 따른 해산사유발생 • 해당 법인이 지주회사의 완전자회사가 되는 지주회사에 편입되는 경우 • 주식 양도에 제한을 두는 경우 • 우회상장 시 우회상장 기준 위반 • (코스닥) 유가증권시장 이전 상장의 경우	
상장 적격성 실질심사 부적격 판정		불성실공시, 회생절차개시 신청기각, 상장 관련 허위서류제출, 영업의 지속성, 재무상태 건전성, 지배구조, 내부통제제도, 공시체제 등 경영투명성에 대한 종합적 검토를 통해 상장 부적격 판정 시 상장폐지	
	자본 잠식	• 자본잠식으로 관리종목 지정 후 자본금이 50% 이상 잠식된 상태가 2년 연속인 경우	• 관리종목 지정 후 자본잠식률이 50% 이상 • 자기자본이 10억 원 미만인 경우 • 2회 연속 자기자본 50% 초과 세전손실 발생* * 최근 3년 중 2회 발생 시 관리종목 지정, 관리종목 재차발생 시 상장폐지)
	매출액 미달	• 2년 연속 매출액 50억 원 미만	• 2년 연속 매출액 30억 원 미만

출처 : 한국거래소, 2022년 9월 외감법 개정사항 반영

전략적 측면을 고려해 내 발로 나간다 : 자발적 상장폐지

자발적 상장폐지는 회사가 스스로 상장폐지를 신청하는 경우로 상장을 유지함으로써 얻는 이득이 비용보다 크지 않은 경우에 이루어진다.

회사의 조직변경을 위해서도 자주 발생하는데, 지배구조 개선을 하거나 계열회사 간 지분을 정리하기 위해서 지주회사로 전환되는 경우에 자회사가 자발적으로 상장폐지를 신청한다. 금융기관의 경우 금융지주회사 설립 시 금융지주 산하에는 금융회사가 50% 이상 지분을 보유할 것

을 의무화하면서 상장폐지를 유도하고 있다. BNK금융지주 설립 시 부산은행의 경우나 DGB금융지주 설립 시 대구은행이 그러한 사례다.

이 외에도 주식 시장에 거래되는 주식수가 많지 않고, 가격이 낮아 주식거래에 의한 자금 확보에 도움되지 않는 주식을 가진 회사들이 자발적 상장폐지의 후보라 할 수 있다. 이러한 자발적 상장폐지의 사례는 현재 삼나스포츠와 쌍용제지를 들 수 있다.

자발적 상장폐지를 위해서 회사는 공개매수 발표를 하게 되는데, 공개매수를 위해 회사의 대주주는 시가보다 높은 가격으로 매수가격을 책정하기 때문에 주식 시장을 들썩이게 하기도 한다.

4

개인사업자와 법인사업자의 폐업절차와 세무상 유의점

스타트업 ㈜플라시보를 창업해서 5년째 사업을 하고 있던 브라이언 최는 최근 사업이 생각대로 되지 않아 큰 실의에 빠졌다. 투자를 받아서 새로운 소프트웨어를 개발하는 데 성공했지만, 믿었던 동업자의 배신과 마케팅의 부족으로 부채가 늘어만 가고, 더 이상 투자를 받기도 힘든 상황에 처하게 된 것이다. 이 지경이 되자 브라이언 최는 거의 매일 폐업을 해야 할지 진지하게 고민하고 있다.

법률이나 세무에 대한 지식도 거의 없기 때문에 폐업을 할 때 무엇을 어떻게 해야 할지 막막하기만 하다. 주변 친구로부터 폐업을 할 때 주의해야 되는 점이 있다고 이런저런 이야기를 들었지만 너무 복잡해서 엄두가 나지 않는다. 단순히 세무서에 찾아가서 폐업신고만 하면 되는 것인지도 궁금하다. 어떻게 해야 할까?

◆◆◆

최근 들어 그야말로 불경기임을 실감하고 있다. 작년까지만 해도 창업절차에 대한 문의가 많았는데, 올해 들어서는 폐업에 대한 문의가 적지 않다. 자영업을 하는 지인이든, 스타트업을 운영하던 사람들이든 가리지 않고, 어려움을 호소하고 있다. 안타깝다. 그렇지만 폐업이 반드시 끝은 아니다. 지혜로운 마무리는 새로운 출발점이 될 수 있기에 관련 사항을 정리해본다.

흔히 말하는 폐업을 하게 되는 사유는 다양하다. 사업양수도, 합병 및 분할, 청산, 경영악화로 인한 도산 등 다양한 사유가 있다. 그중에서 브라이언 최가 생각한 것처럼 폐업을 하고 싶을 때에는, 우선 관할 세무서에 폐업신고를 해야 한다. 다만 개인사업자와 법인사업자의 경우 폐업절차에 차이가 있다.

개인사업자의 폐업신고절차

개인사업자의 경우 국세청 홈페이지에서 다운받거나 세무서에 비치된 폐업신고서를 작성해서 사업자등록증과 함께 가까운 세무서에 제출하면 된다. 국세청 홈택스에서도 폐업신고가 가능하다.

면허 또는 허가증이 있는 사업일 경우 당초 면허·허가를 받은 기관에 폐업신고를 해야 한다. 폐업신고서를 제출받은 주무관청은 지체 없이 관할 세무서장에게 해당 서류를 송부해야 하고, 그 반대의 경우도 같다. 만약 면허·허가기관에 폐업신고를 하지 않으면 매년 1월 1일을 기준으로 면허가 갱신된 것으로 봐서 등록면허세가 계속 부과될 수 있다.

그리고 폐업신고 후 폐업사실증명원을 국민연금공단·국민건강보험공단에 제출해야만 보험료가 조정되어 불이익을 받지 않는다.

사업 폐업 시 잊지 말아야 할 세금, 부가가치세

폐업을 할 경우에는 부가가치세 신고를 해야 한다. 폐업일이 속한 달의 말일로부터 25일 이내에 부가가치세 확정신고를 해야 하는데, 만약 그 기간이 경과해서 폐업선고를 하면 가산세 등의 불이익을 당할 수 있으니 주의해야 한다.

부가가치세는 과세기간이 1기(상반기)와 2기(하반기)로 나뉘므로, 하반기 중 폐업을 했다면(ex. 9월 20일 폐업), 2기 과세기간의 시작일인 7월 1일부터 폐업일인 9월 20일까지의 실적을 기준으로 부가가치세를 10월 말까지 확정신고를 해야 한다.

부가가치세 신고 시에 주의해야 할 사항으로 몇 가지가 있다.

① 폐업 시 남아 있는 제품이나 상품 등의 재화
폐업을 할 경우에는 폐업 시 잔존재화라고 하는 것이 있다. 사업자가

폐업할 때 자기생산·취득재화 중 남아 있는 재화는 자기에게 공급하는 것으로 보며, 폐업할 때에 남아 있는 재화 등을 실제로 소비자에게 판매한 것은 아니지만, 자기에게 판매한 것으로 봐서 부가가치세를 과세하고 있다. 이 부분에 대한 신고가 누락되지 않도록 주의해야 한다.

② 감가상각자산의 간주공급

건물, 차량, 기계 등 감가상각자산도 세법에서 정한 방법에 따라 시가를 계산해서 부가가치세를 납부해야 한다.

③ 사업의 포괄적 양도 시 부가가치세 납부의무 제외

다른 한편, 사업의 경영주체만 변경되고 사업에 관한 권리와 의무를 포괄적으로 승계시키는 사업 양도의 경우는 부가가치세 납부의무가 없다. 대신 이 경우 사업포괄 양도양수계약서를 제출해야 한다.

사업 폐업 시 잊지 말아야 할 세금 또 하나, 종합소득세

1월 1일부터 폐업일까지의 사업소득을 폐업일이 속하는 연도의 다음 연도 5월 1일부터 5월 31일까지 확정신고 및 납부해야 한다. 그리고 폐업한 사업과 관련된 소득 이외에 다른 소득이 있는 경우는 합산해서 종합소득세를 신고 및 납부하게 된다.

한편 조세를 감면받았던 적이 있는 상태라면, 감면을 받았던 감면제도에 대해서 사후관리 제도가 있을 수 있다. 이 사후관리 대상인 상태에서 폐업을 할 경우 감면받았던 세금을 추징당할 수 있을 수 있으므로 주의해야 한다.

법인사업자(주식회사)의 폐업절차

법인의 청산은 '해산결의'를 거치고, '폐업신고'를 한 다음 잔여재산가액을 확정한 뒤, 이를 각각의 주주들에게 분배하는 '청산'절차를 거치며, 청산이 종결되면 '청산종결등기'를 함으로써 완료된다. 법적으로 '해산'은 회사의 법인격의 소멸을 가져오는 원인이 되는 행위이고, 해산에 이어 기존의 법률관계를 마무리하는 절차를 '청산'이라고 한다.

실무상 소규모 법인 내지 1인 주주 법인의 경우 소요 시간이나 비용 등의 사유로 폐업 신고까지만 진행하는 경우가 있는데, 이 경우 5년 이상 폐업상태로 있으면 자동 소멸된다. 마지막 등기일로부터 5년이 지날 경우, 법원에서는 해당 법인이 자동으로 해산한 것으로 여겨 법인등기부를 폐쇄 조치하는데 이를 '휴면법인 해산 간주'라고 한다.

세무적 절차만을 요약하면 다음과 같다.
① 세무서 내지 홈택스로 폐업신고 진행
② 폐업 부가세 신고 : 폐업일이 속하는 다음 달 25일까지 신고납부
③ 지급명세서 제출
‒ 근로, 사업, 퇴직, 기타소득의 경우 ▶ 폐업일이 속하는 달의 다다음 달 말일까지 제출 (ex. 폐업일이 3월 10일인 경우 5월 31일까지 제출)

- 일용근로소득의 경우 ▶ **폐업일이 속하는 분기 마지막 달의 다음 달 말일까지 제출** (ex. 폐업일이 3월 10일인 경우 분기의 마지막 달은 3월이므로 4월 30일까지 제출)

④ 근로자 퇴사일 이후 15일 이내에 4대보험 상실신고

⑤ 신고 속한 해의 다음 해 3월까지 법인세 신고

⑥ 청산등기업무

⑦ 해산등기일 이후 잔여재산가액 확정일까지 청산법인세 신고

법인사업자는 이러한 세무적 절차에 더해 다음의 해산 및 청산인 선임등기와 청산종결등기 2가지를 진행해야 한다.

해산 및 청산인 선임등기

해산은 주주총회 특별결의를 거쳐 등기부등본에 등재된 모든 임원(감사가 있다면 제외)에 관한 사항을 말소하고 청산인을 선임해 진행된다. 해산 및 청산인 선임등기가 완료되면 등기부등본에 해산이라고 표시되고 감사, 청산인을 제외하고 모든 임원이 말소가 된다.

한편 해산 및 청산에서 중요한 절차 중 하나로서 등기부등본상 공고방법대로 두 달 동안 2회 공고를 해야 한다. 회사가 해산을 결의해서 청산절차에 들어갔고, 회사의 채권자는 두 달 내로 채권액을 신고해야 청산에서 제외되지 않는다는 내용을 공고하게 된다.

청산종결등기

위 기간이 지나면 등기부등본을 말소하는 청산종결등기를 진행하게

된다. 주주총회에서 청산결산보고 승인 후 청산종결등기를 진행하면 최종적으로 법인격이 사라진다. 단, 청산결산보고를 통해 자산보다 부채가 많다면 해산·청산이 아닌 법인 파산으로 진행해야 한다. 이는 등기소에서 진행하는 것이 아닌 법인 본점소재지 법원에서 진행하게 된다.

법인 폐업 시 처리해야 할 세금과 유의점 - 부가가치세

법인을 폐업하는 경우에는 폐업일이 과세기간 종료일이 된다. 따라서 폐업일로부터 25일 이내에 부가가치세 확정신고를 해야 한다.

거래처별로 아직 발행하지 않은 전자세금계산서를 폐업일 이전에 모두 발행해서 전송해야 하며, 매입세금계산서도 거래처에 연락해서 폐업일 이전에 모두 교부받도록 해야 한다.

폐업일 이후에 수수한 세금계산서는 가공거래로 의심받을 수 있으므로 반드시 폐업일 이전에 교부 또는 수취하도록 한다. 폐업일에 임박해 거래한 재화나 용역에 대해서 세금계산서 교부 또는 수취를 누락한 것이 차후에 세금계산서 수수상황 분석이나 거래처에 대한 조사과정에서 적발되어 막대한 세금이 부과되는 사례가 많이 발생하고 있기 때문이다.

폐업 시 부가가치세를 신고할 때에는 개인사업자의 경우와 마찬가지로, 폐업 시 잔존재화에 해당하는 자산이 없는지 확인해서 부가가치세 과세표준에 포함해 신고해야 한다. 폐업 시에 판매하지 못한 재고자산은 물론이며 부가가치세가 과세되는 사업용 건물, 기계장치, 차량운반구 등이 있는 경우에는 감가상각기간(건물 등은 10년, 기계장치 등은 2년)이 경과하지 않은 자산이 있으면 폐업 시 잔존재화로 신고해야 한다.

그런데 폐업 시 잔존재화로 남아 있는 재고자산은 대개 폐기 대상이 되는 경우가 많다. 이때에는 폐기손실로 손금처리할 수 있도록 수량과 금액을 정확하게 파악하고, 폐기물 전문 처리업체를 통해 처리하는 것이 좋다.

한편 법인도 개인사업자의 경우처럼 부가가치세법상 사업의 포괄양도로 인해 폐업하는 경우에는 부가가치세가 과세되지 않기 때문에 대안이 될 수 있다.

법인 폐업 시 잊지 말아야 할 세금 - 법인세

법인이 청산하는 경우 ① 해당 사업연도 영업실적에 따른 사업소득과 ② 청산시점의 잔여재산에 대한 청산소득에 대한 법인세가 발생하고, 동 소득의 분배와 관련해서는 ③ 부당행위계산부인 및 ④ 과점주주의 제2차 납세의무 이슈가 발생할 수 있으므로 유의해야 한다.

① 각 사업연도소득에 대한 법인세

법인의 폐업 시에는 개인의 폐업 시 사업소득세의 납부와 같이 법인세를 납부해야 한다. 해산등기한 법인은 해산일로부터 3월 이내에 법인세

신고를 해야 하나, 해산등기를 하지 않은 경우에는 폐업신고일과는 관계 없이 과세기간종료일로부터 3월 이내에 법인세신고를 해야 한다. 그러나 세무서에서는 폐업한 법인에 대해서는 신고가 들어올 때까지 기다리지 않고 수시 부과할 수도 있다.

② 청산소득에 대한 법인세와 의제배당에 대한 종합소득세

청산소득이란 청산일 현재의 잔여 순재산가액(시가)에서 해산등기일 현재 세법상의 자기자본을 차감한 금액을 말한다. 조금 더 구체적으로 말하자면 청산소득은 보유한 재산을 처분하거나 정리할 때 생기는 이익으로서, 가령 부동산 자산이나 기계류, 장비 등을 판매해서 이익이 생겼다면, 이는 법인 입장에서 청산소득에 해당한다.

한편 의제 배당은 주주에게 남은 재산을 분배할 때 투자 원금을 넘는 금액을 의미하는데, 예를 들어 주주가 5억 원을 투자했는데 잔여 자산이 7억인 경우 2억 원이 의제 배당에 해당한다.

청산소득 및 의제 배당은 각각 법인세와 소득세의 과세 대상이 되며, 청산소득에 대한 법인세는 잔여재산가액 확정일로부터 3월 이내에 신고 납부해야 한다.

③ 부당행위계산부인

부채보다 자산이 많은 법인은 폐업 시 해산등기를 하고 청산절차를 거치는 것이 필요하다. 법인은 세법상의 절차인 폐업신고를 했다고 해서 법인의 수명이 다한 것은 아니다. 법인을 완전하게 정리하려면 상법상의 절차인 해산등기를 하고 청산절차를 거쳐야 한다. 그러나 실무상 부도 등으로 폐업하는 경우에 이러한 절차를 밟는 사업자는 거의 없다. 이러한 절차 없이 자산으로 부채를 상환하고, 남은 자산을 주주들에게 나누어 주면 원칙적으로 세법상 문제가 된다. 상법상의 청산완료 전에 주주에게 나누어 준 가액은 부당행위로 볼 수 있기 때문이다.

④ 과점주주의 제2차 납세의무

국세기본법상 법인의 특수한 과점주주는 제2차 납세의무가 있다는 점에 주의해야 한다. 여기서 과점주주란 특수관계자가 소유한 주식을 포함해서 법인의 주식의 51% 이상을 소유하고 있는 주주를 말한다. 납세의무 성립일 현재 과점주주에 해당하는 자 중에서 권리를 실질적으로 행사하는 자, 경영을 사실상 지배하는 자 및 이러한 자의 배우자 및 생계를 같이하는 직계존비속의 경우에는 법인에 부과되거나 납부할 세금에 대해 법인이 납부하지 아니하면 폐업 후라도 과점주주가 납부해야 한다.

청산은 뭐고, 파산은 뭐지?

앞서 폐업, 해산 및 청산에 대해 정리했지만, '파산'의 개념도 알아둘 필요가 있다.

법인의 부채가 재산보다 더 많아 변제가 다 이루어지지 않는 경우에는 상대방인 채권자의 이해관계가 있으므로 부채를 남겨두고 법인만 소멸

될 수가 없기 때문에 법원으로부터 법인의 파산선고가 결정되고, 나머지 부채는 없어지는 것으로 인정되어야 비로소 법인이 소멸될 수 있다.

법인이 파산절차를 진행하게 되면 법인의 가진 재산의 한도 내에 채권자들에게 배당이 이루어지게 된다. 이러한 법인 파산절차를 진행하기 위해서는 법원에 신청을 해야 하고, 이 경우 대리인 선임비용, 법원예납금 비용 등이 소요되므로 파산을 신청하려는 법인으로서는 다소 부담이 될 수 있다.

따라서 법인이 폐업할 경우, 단순히 폐업신고만 할지 또는 해산 및 청산까지 진행할지, 아니면 파산을 할지의 여부는 부채 규모, 이해관계자 규모, 사업재개 여부 등을 종합적으로 고려해서 판단되어야 할 것이다.

스타트업 회계산책

제1판 1쇄 2024년 8월 23일
제1판 2쇄 2024년 10월 2일

지은이　노기팔, 임방진, 한준호
펴낸이　허연　**펴낸곳**　매경출판㈜
기획제작　㈜두드림미디어
책임편집　김가현, 배성분　**디자인**　얼앤똘비악earl_tolbiac@naver.com
마케팅　김성현, 한동우, 구민지

매경출판㈜
등록 2003년 4월 24일(No. 2-3759)
주소　(04557) 서울시 중구 충무로 2(필동1가) 매일경제 별관 2층 매경출판㈜
홈페이지　www.mkbook.co.kr
전화　02)333-3577
이메일　dodreamedia@naver.com(원고 투고 및 출판 관련 문의)
인쇄·제본　㈜M-print　031)8071-0961
ISBN　979-11-6484-702-0 (03320)